René Portmann

ICH HABE DICH NIE VERGESSEN

René Portmann

ICH HABE DICH NIE VERGESSEN

*Träumer, Abenteurer und
ein überraschender Schatz*

EDITION WORTSCHATZ

Druck und Bindung des vorliegenden Buches erfolgten in Deutschland

Das verwendete Papier ist FSC-zertifiziert. Als unabhängige, gemein-nützige, nichtstaatliche Organisation hat sich der Forest Stewardship Council *(FSC) die Förderung des verantwortungsvollen und nachhaltigen Umgangs mit den Wäldern der Welt zum Ziel gesetzt*

Die Deutsche Bibliothek verzeichnet diese Publikation in der Deutschen Nationalbibliografie; detaillierte bibliografische Daten sind im Internet über www.d-nb.de abrufbar

Umschlaggestaltung: spoon design, Olaf Johannson
Umschlagbild: leoks/Shutterstock.com
Satz und Herstellung: Edition Wortschatz

© 2016 René Portmann

Edition Wortschatz Schwarzenfeld
ISBN 978-3-943362-38-1, Bestell-Nummer 588 862

www.edition-wortschatz.de

EDITION WORTSCHATZ

INHALT

Bild: Beat Haberthür, Basel

EINLEITUNG

Ich denke, dass jeder Mensch, der hier auf dem Planeten Erde auf die Welt kommt, in irgendeine Familie und ein System hinein geboren wird, ohne dass er zuvor gefragt wurde, ob ihm diese passen. Man kann es sich eben nicht selbst aussuchen – es wurde so bestimmt. Diese zentrale Frage, warum ich hier auf der Erde bin und was denn der Sinn meines Daseins ist, beschäftigte mich schon von frühester Kindheit an.

Ich erinnere mich gut daran, dass ich als Kind die Einsamkeit suchte, um in der Stille eine Antwort zu finden. Als fünfjähriger Junge fragte ich deshalb Gott: »Siehst du mich denn vom Himmel aus?«. Und ich bekam eine Antwort. Eine sehr leise und wunderbare Stimme flüsterte mir zu: »Siehst du die Ameisen am Boden herumlaufen?« Ich schaute auf den Waldboden vor dem Baum, vor dem ich fast jeden Tag saß, und sah sie. Die gleiche Stimme sprach weiter zu mir: »So, wie du die Ameisen auf dem Boden sehen kannst, so sehe ich dich vom Himmel ebenso.«

Dreißig Jahre später stand ich wieder vor genau demselben Baum und hörte die gleiche Stimme sagen: »Ich habe dich nie vergessen!«

KAPITEL 1

KINDHEIT

Ich wurde in einem kleinen Dorf im Südwesten Deutschlands geboren. Mein Vater war Handwerker, meine Mutter Hausfrau. Nach zwei gesunden Töchtern kam endlich der vom Vater langersehnte Sohn auf die Welt. Das war ich. Danach bekam ich noch einen kleinen Bruder, drei Jahre später sollte schließlich mein jüngster Bruder das Licht der Welt erblicken...

Das Dorf, in dem ich aufwuchs, war sehr idyllisch gelegen. Schöne Wälder umgaben es, ein kleiner Bach plätscherte friedlich zwischen den Bäumen und gab Forellen und anderen Fischen ein Zuhause.

Meine Mutter war eine fleißige und gute Hausfrau. Sie kochte für unsere große Familie, hielt das Haus sauber und machte es zu einem freundlichen Zuhause, indem sie rundherum die schönsten Blumen pflanzte. Mein Großvater mütterlicherseits war ein sehr lieber Mann mit gutem Herzen. Er war ehemaliger Amateurboxer und machte mir großen Eindruck; nicht zuletzt wegen seiner starken Oberarme. Der 2. Weltkrieg hatte jedoch Spuren in seinem Wesen hinterlassen und ich denke heute, dass er seelische Narben mit sich herumtrug.

Seine Frau, meine Großmutter, war eine dominante und strenge Persönlichkeit, die zwar lieb sein konnte, jedoch großen Respekt verbreitete. Solange wir nach ihrer Pfeife tanzten, war sie eine liebe Oma und kochte uns immer wieder leckere Sachen. Dem äußeren Anschein nach waren wir eine normale und gesunde Familie. In Wirklichkeit führten meine Eltern jedoch ein von Hass erfülltes und zerstrittenes Eheleben und wir Kinder bekamen vieles mit, was nicht gut für uns war. Mein Vater bedrohte meine Mutter immer wieder und vor allem als kleines Kind litt ich sehr unter diesen Umständen. Ich erinnere mich heute noch an viele Situationen, die damals sehr schmerzlich und unverständlich für mich waren. Letztendlich zerbrach dann die Ehe meiner Eltern; zurück blieb ein Scherbenhaufen einer auseinandergerissenen Familie.

Meine Mutter verließ uns eines Tages ohne jede Vorwarnung. Wochen zuvor schon hatte sie im Stillen alles gut geplant und organisiert, so dass mein Vater nichts davon bemerkte. Zu diesem Zeitpunkt war ich etwa fünf Jahre alt und verstand natürlich vieles nicht. Ich war damals sehr traurig.

Meine älteste Schwester kam danach in die Obhut meiner Großmutter, meine andere Schwester sowie mein jüngster Bruder zogen zu meiner Mutter. Mein ein Jahr jüngerer Bruder wurde zu meinem Onkel in ein kleines Dorf gebracht und ich blieb als einziger und allein bei meinem Vater zurück. Meine Großmutter versuchte unterstützend in diesem Chaos zu wirken und machte es immer wieder möglich, dass wir bei ihr sein konnten. Auch wenn ich meinen Vater liebte, vermisste ich meine Geschwister doch sehr und fühlte mich oft einsam. Ich verstand nicht, warum wir nicht zusammenleben konnten wie früher, und das Spielen mit ihnen fehlte mir sehr.

Mitten in dieser Zerrissenheit war ich völlig orientierungslos und überfordert. Da ich ein Vorbild brauchte, wurde mein Vater zu meinem Helden und ich freute mich immer, wenn er bewusst Zeit mit mir verbrachte. Ich war stolz auf ihn und er wiederum gab sein Bestes in dieser Situation und war oft sehr großzügig zu mir. Ich war ja noch so klein, dass ich mir noch nicht einmal die

Schuhe selber zubinden konnte. Jeden Morgen um halb Sieben
verließ mein Vater das große Haus und ging zur Arbeit. Zuvor
stellte er mir das Essen auf den Tisch und verabschiedete sich bis
zum Abend. Ich spielte noch einen Moment und immer wieder
durchsuchte ich das Haus nach interessanten Dingen. Ich fand
immer etwas zum Spielen, zum Beispiel die alten Schuhe meiner
Mutter oder ihr Hochzeitskleid, mit dem ich mich ab und zu
verkleidete und großen Spaß daran hatte. Trotzdem fehlten mir
aber andere Kinder und das Spielen alleine wurde langweilig.
Dann lungerte ich im Dorf herum, auf der Suche nach anderen
Kindern, die mit mir spielen würden. Die waren aber entweder
zuhause bei ihren Eltern, in der Schule oder im Kindergarten.
Die Wochenenden waren mein »Highlight«, da dann mein Vater
Zeit mit mir verbringen konnte und ich mich nicht alleine unter-
halten und für mich sorgen musste.

Ziemlich rasch lebte meine Mutter mit einem neuen Mann
zusammen, einem Italiener, und wurde schwanger von ihm. Wir
Kinder kannten ihn, da er zuvor gemeinsam mit seinen Schwestern als Untermieter in unserem Haus gewohnt hatte. Genau dieser Mann war einer der Konfliktpunkte meiner Eltern gewesen,
doch diesen Zusammenhang verstand ich erst später.

Es wurde Herbst und die Tage wurden kürzer und trübe. Ich
stieg wie gewohnt aus dem Fenster, das mir mein Vater eingerich-
tet hatte, um besser das Haus verlassen zu können, und ging in
den Dorfladen. Kaum angekommen, fragte ich die Verkäuferin
bereits nach der Uhrzeit, weil ich wissen wollte, ob mein Vater
bald wieder nach Hause kommen würde. Doch es war erst neun
Uhr. Ich beschloss, meinem Vater bis ans Dorfende entgegen zu
gehen, damit ich ihn früher sah, wenn er mit dem Fahrrad nach
Hause kommen würde. So spazierte ich etwa einen Kilometer
und wartete dann geduldig auf einer kleinen Brücke auf ihn. Ich
wartete und wartete, während der Herbstnebel alles um mich
herum einhüllte und es immer dunkler wurde. Langsam stieg
die Müdigkeit in mir hoch und ich suchte mir deshalb einen

schönen Platz zum Ausruhen. Den perfekten Platz fand ich unter einem großen Baum und setzte mich darunter. Es war ein guter Aussichtspunkt, denn ich konnte die Straße überblicken und würde so meinen Vater nicht verpassen. Unterdessen war es bereits dunkel geworden und ich beobachtete die Scheinwerfer der selten vorbeifahrenden Autos, während ich immer noch wartete. Da hörte ich plötzlich die Stimme meines Vaters mich rufen:»René, wo bist du?«. Er hatte mich zusammen mit einem Freund gesucht, der beim Vorbeifahren an der Straße ein Kind weinen gehört hatte.

Auf diese Weise wurde meinem Vater bewusst, dass ich eine bessere Betreuung brauchte. Er organisierte deshalb eine junge Frau, die drei Mal wöchentlich für mich kochte, mich badete und Zeit mit mir verbrachte. Das fand ich super, denn somit war ich nicht mehr allein.

Im Winter genoss ich das Schlittenfahren mit den anderen Kindern am Hügel des Dorfrandes. Am ersten Weihnachtsfest, das wir ohne meine Mutter und meine Geschwister feierten, schenkte mir mein Vater ein Saxophon. Ich war glücklich, wenn mein Vater in der Nähe war und ich mit ihm Zeit verbringen durfte.

Freitags und samstags ging er oft abends mit seinen Freunden ins Gasthaus, spielte Karten und kam erst in den Morgenstunden wieder nach Hause. Währenddessen schaute ich Fernsehen, damit mir die Abende nicht zu lange wurden. So tauchte ich in diese Welten ein, war selber Cowboy oder Gangster und kämpfte mit meinen Bildschirmhelden für Gerechtigkeit. Die Welt in den Filmen machte mich fast süchtig und da wieder mal niemand da war, der auf mich aufpasste, konsumierte ich unkontrolliert alles, was mich irgendwie faszinierte. Die junge Frau, die sich um mich gesorgt hatte, war plötzlich nicht mehr da, ohne dass mein Vater mir mehr darüber erzählt oder erklärt hätte, warum sie nicht mehr kam.

Eines Abends saß ich wieder einmal allein im Wohnzimmer und sah mir eine spannende Sendung an, »Aktenzeichen XY ungelöst«. In der Sendung ging es um Einbrecher, die in ein Haus eindrangen und mit einer reichen Beute verschwanden, ohne erwischt zu werden. Mich faszinierte das so sehr, dass ich beschloss, bei uns im Dorfladen einzubrechen. Ich war überzeugt, dass ich es schaffen konnte und wie meine Helden im Fernsehen eines Tages ein reicher Mann sein würde.

In der Werkstatt meines Vaters besorgte ich mir das nötige Werkzeug, eine Tasche und eine Taschenlampe. Damit mich keiner erkennen konnte, zog ich mir eine Fastnachtsmaske über. Schon in der gleichen Nacht stieg ich über ein gekipptes Fenster in das Lagerhaus ein und ging von dort direkt in den Laden.

Vor der Kasse befand sich eine Schublade, in der ich einen Schlüssel fand. Ich probierte ihn und wirklich – er passte in die Kasse. Bis dahin hatte alles reibungslos geklappt: Der Laden war offen und eine übervolle Kasse mit Geld wartete praktisch auf mich. Ich stopfte mir alles in die Tasche und eilte nach Hause. Dort angekommen, packte ich alles aus und stopfte die Tasche voller Geld unter die Dachziegel auf dem Dachboden. Ein perfektes Versteck, wie mir schien.

Mein Plan war vollends geglückt und ich ging erleichtert und zufrieden ins Bett, als hätte ich nichts Schlechtes getan. Eine Stunde später, um cirka zwei Uhr morgens, klingelte es an der Tür. Zwei Polizisten sowie der Besitzer des eben ausgeraubten Dorfladens standen vor der Tür und fragten nach meinem Vater. Wahrheitsgetreu berichtete ich, dass ich nicht wüsste, wo mein Vater wäre.

Einer der Polizisten nahm mich dann auf den Schoß und erklärte mir, dass man mich beobachtet hätte, wie ich aus dem Ladenfenster geklettert sei. Ich blieb bei meiner Behauptung, von nichts zu wissen. Der Polizist sagte daraufhin, dass ich ins Gefängnis müsse, da ich ein Dieb sei, aber diese Nacht zuhause bleiben konnte, wenn ich gestehen würde. Seine freundliche und väterliche Art, mit mir zu sprechen, brachte mich dazu, meinen Einbruch schließlich zu gestehen. Ich zeigte ihm mein Versteck und übergab ihm die gesamte Beute. Der Ladenbesitzer und die Polizisten waren die ganze Zeit über sehr freundlich zu mir und gingen verständnisvoll mit der Sache um.

Mein Vater, der von alldem noch keine Ahnung hatte, wurde benachrichtigt und kam sofort nach Hause. Natürlich musste ich gleich ernste und lange Gespräche mit meinem Vater, der Polizei und dem Ladenbesitzer führen. Danach konnte ich endlich, müde und erschöpft von den vielen Erlebnissen, einschlafen.

Es war noch früher Morgen, als ich aufwachte, doch im Haus war es noch sehr ruhig und still. Ich dachte sofort an die vergangene Nacht und meinen Vater – was er wohl tun würde, wie reagieren, wenn er bald aufwachte? Tausend Bilder und Gedanken schossen mir durch den Kopf und ich stellte mir verschiedene Reaktionen und Strafen vor, bis ich endlich meinen Vater in der Küche rumoren hörte, wie er Frühstück machte und vor sich hinmurmelte. Ich wünschte mir, ihn nicht anschauen zu müssen, und fürchtete mich, ihn zu sehen. Aber gerade in diesem Moment kam er in mein Zimmer und befahl mit lauter Stimme: »Aufstehen!«. Dann drehte er sich auf dem Absatz um und ging wieder hinaus, während ich ganz still liegen blieb. Kurz darauf stürmte er erneut herein, diesmal jedoch begleitete ihn eine Woge von Wut, die ich sofort spürte, und er schrie mich laut an. Als ich ihm vor Schreck keine Antwort geben konnte, riss er mir mit einem wutverzerrten Gesicht, das ich noch nie an ihm gesehen hatte, die Bettdecke weg.

Ich sah meinen Vater an, doch meine Augen blickten direkt in den Rachen eines brüllenden Löwen. Er glich eher einer Bestie als einem Menschen und als er seine Hand hob und mir das lange Küchenmesser direkt an meine Kehle setzte, hielt ich die Luft an. Ich saß ganz still da und ähnliche Szenen aus Filmen schossen mir durch den Kopf. Würde mein Vater mich in seiner Wut umbringen? Irgendetwas ließ ihn wohl zur Besinnung kommen, denn er zog sich plötzlich zurück ins Wohnzimmer. Ich traute mich nicht aus dem Schlafzimmer und blieb den ganzen Tag im Bett unter meiner Decke, ohne etwas zu essen, zu trinken oder zu sprechen.

Die Reaktion meines Vaters hinterließ einen Schock in mir. Am nächsten Tag wechselten wir wieder ein paar Worte, er war nett zu mir und Tage später war alles vorbei und er behandelte mich wieder so, als wäre nichts gewesen. In mir aber hatte sich etwas verändert. Ich zog mich mehr und mehr zurück in eine von mir erdachte, eigene Welt.

Ich träumte oft davon, dass ich ganz weit weg auf einer Insel leben würde. Weit weg von den schmerzenden Erinnerungen an das Erlebte.

Der Wunsch, ein großer Gangster zu werden, rückte mit der Zeit immer mehr in den Hintergrund und mit meinem Vater sprach ich nie mehr über den Vorfall.

Ich verbrachte die meiste Zeit damit, draußen zu spielen, und besuchte ab und zu meine Mutter und Geschwister im Nachbardorf, mit Freude auch mal meine Großeltern, da mein Vater arbeitete und ich sonst sehr oft alleine gewesen wäre.

Schon als Kind liebte ich den Wald, die Bäume und das Rauschen des Windes. In meiner Einsamkeit zog es mich oft an den nahe gelegenen Waldrand, nicht weit entfernt von unserem Haus. Dort stand ein besonderer Baum, den ich zu meinem besten Freund erkor. Von seinem Platz aus konnte ich über das ganze Dorf blicken und meinen Gedanken freien Lauf lassen. Diesem Freund teilte ich auch meine Gedanken über den Einbruch und die Reaktion meines Vaters mit. Stundenlang redete ich mit ihm; manchmal auch nur in Gedanken. Ihm konnte ich alles erzählen und immer ehrlich sein.

Eines Tages nahm ich ein Messer mit zu meinem Baum und ritzte fünf Kreuze hinein – als Symbol für meine Geschwister und mich, denn wir waren zusammen fünf. Ich betete zu Gott für meine Familie und für alle, die mir in den Sinn kamen.

Wieder einmal war ich bei meinem Freund, dem Baum, und sprach mit Gott über den tiefen Wunsch, ihn sehen zu können. Ich saß vor meinem Baum und fragte Gott, ob er mich denn überhaupt sehen könne vom Himmel aus. Daraufhin hörte ich eine ganz sanfte und liebe Stimme zu mir reden: »René, ich sehe dich vom Himmel aus, wie du die Ameisen vor dir krabbeln siehst.« Ich sah nach unten und entdeckte auf dem Boden eine ganze Kolonie Ameisen vor meinen Füßen laufen, die in einer langen Bahn durch den Wald zogen. Dieser Gedanke machte mich sehr glücklich und ich bewahrte mir dieses Wissen tief im Herzen.

Fast täglich war ich bei meinem Baum, wo ich auch immer die Nähe Gottes spürte und mein Leben immer mehr mit ihm teilte. Ich bat ihn, mir eine kleine Katze zu schenken, damit ich nicht mehr so oft allein sein müsste.

Die Zeit verging und der Frühling lockte wieder alle Kinder nach draußen. Seit dem Einbruch war ich nicht mehr gerne im Dorf unterwegs gewesen, da mir der Vorfall peinlich war. Langsam traute ich mich aber wieder, im Laden einkaufen zu gehen, und die Kinder der Ladeninhaber wurden zu meinen besten Freunden. Oft durfte ich zum Abendessen bei ihnen am Tisch sitzen und mitessen. Vielleicht taten sie das aus Mitleid mit mir? Auf jeden Fall fühlte ich mich bei ihnen immer sehr wohl.

Eines Abends kam Frau Grießbaum, eine Nachbarin, zu uns nach Hause und redete mit meinem Vater und mir beim Abendbrot. Sie machte uns das Angebot, dass ich jeden Tag bei ihr essen dürfte und sie auf mich aufpassen würde. Mein Vater willigte ein und somit hatte ich endlich jemanden gefunden, der mit mir Zeit verbrachte und mir die langen, einsamen Tage verkürzte. Das Leben war besser geworden: Ich hatte nun endlich Freunde, die ältere Frau, welche für mich leckeres Essen kochte, war wie eine Mutter zu mir und hatte zudem noch drei Katzen, mit denen ich spielen konnte.

Überglücklich ging ich zu meinem Baum und bedankte mich bei Gott für die vielen Geschenke. Frau Grießbaum betete jeden Tag vor dem Essen und nachher erzählte sie mir Geschichten von Gott und las aus der Bibel vor. Sie strahlte eine große Liebe aus und war sehr geduldig und einfühlsam.

Es wurde langsam Herbst und als mein Vater eines Abends nach Hause kam, legte er einen großen Karton auf den Tisch. Er sagte, er hätte mir ein Geschenk mitgebracht und ich solle es rasch öffnen. Ein unvergesslicher Moment, denn als ich die Schachtel gespannt öffnete, blickte mich eine kleine süße Katze mit großen Augen an und miaute, als ich sie auf den Arm nahm. Am nächsten Tag ging ich mit der Katze auf dem Arm zu meinem Baum und bedankte mich wieder bei Gott für die große Überraschung.

Täglich ging ich zu Frau Grießbaum, spielte mit meiner Katze und genoss mit meinen Freunden das Schlittenfahren im Winter. Die Zeit verging wie im Flug und so war auch der nächste Frühling schon rasch vorbei und der Sommer begann. Es war eine schöne Zeit, in der ich mich gut fühlte und versorgt wurde. Wie gewohnt war ich oft bei meinem Baum und genoss die Stille am Waldrand. An manchen Tagen besuchte ich weiterhin meine Mutter, meine Geschwister und Großeltern, die ich oft vermisste.

Meine Mutter brachte meinen Halbbruder zur Welt. Sein Vater war der Italiener, der früher bei uns im Haus gewohnt hatte, als meine Mutter noch bei uns lebte. Ich freute mich sehr über das Baby und hatte ihn auf Anhieb lieb.

In den folgenden zwei Jahren erzählte mir Frau Grießbaum noch viel über Gott. Dies waren jedoch nicht einfach nur beliebige Erzählungen und Geschichten, sondern Dinge, die Menschen wirklich mit Gott erlebt hatten. Frau Grießbaum schien Gott sehr gut zu kennen, vermittelte mir ihr Wissen.

Da Frau Grießbaum nicht mehr die Jüngste war und zudem eine behinderte Tochter hatte, um welche sie sich liebevoll kümmerte, war die Vereinbarung mit meinem Vater, dass sie meine Betreuung nur bis zur Einschulung übernahm.

Ich besuchte sie aber auch danach immer wieder gerne und sie blieb für mich eine wertvolle Bezugsperson.

Der erste Schultag rückte näher und stolz spazierte ich mit meinem Schulranzen und der Schultüte in die Schule. Ich lernte jetzt noch mehr Kinder kennen und gewann viele neue Freunde dazu. Nach der Schule trafen wir uns häufig im Dorf und spielten oder bauten Hütten im Wald.

Es kam vor, dass mich meine Katze Peterle in die Schule begleitete und manchmal nach Schulschluss sogar schon draußen auf mich wartete. Sie brachte im Lauf der Zeit viele Junge auf die Welt und blieb trotzdem mein geliebtes Peterle.

Nach der Schule war ich nun wieder oft alleine zuhause und anstatt die Schulaufgaben zu machen, spielte ich lieber mit meiner Katze oder schaute fern. Ich fing an, meinen Freund am Waldrand zu vergessen, und hing lieber zuhause rum, klaute ab und zu meinem Vater Zigaretten und rauchte im Wald wie ein kleiner cooler Held, als den ich mich sah, wenn ich solche Sachen machte. Das gab mir das Gefühl, stärker und abgebrühter zu sein, als ich eigentlich war.

Wenn mein Vater abends nach Hause kam, musste ich fast immer daheimbleiben und ihm bei der Arbeit am Haus und im Garten helfen; manchmal bis spät in die Nacht hinein. Er fragte nie nach den Hausaufgaben oder kontrollierte sie. Reparaturen waren ihm wichtig und oft bekam er Aufträge für Renovierungen von Häusern im Bekanntenkreis, bei denen ich teilweise mithalf.

Dabei lernte ich viel über handwerkliches Arbeiten und oft machte es mir Freude, mit meinem Vater zusammenzuarbeiten.

Meine schulischen Leistungen hingegen wurden immer schlechter. Allzu oft war ich einfach zu müde vom vielen Fernsehen oder Arbeiten und konnte mich in der Schule gar nicht mehr konzentrieren. Nach der Schule verleitete ich viele meiner Schulkollegen dazu, Blödsinn zu machen oder irgendwelche

Streiche zu spielen. Im Dorf war ich nun als Schelm bekannt, was mir aber egal war. Zum Rauchen versteckte ich mich nicht mehr, sondern spazierte mit meiner Zigarette im Mund offen umher und fühlte mich wie ein Erwachsener. Meinem Vater wurde aber von Seiten der Behörden Druck gemacht, mir eine Bezugsperson zu organisieren oder mich in ein Heim zu geben. Kurze Zeit später fand mein Vater über ein Inserat ein pensioniertes Ehepaar, das im unteren Stockwerk unseres Hauses wohnen konnte und mich beaufsichtigen sollte.

Das Jugendamt gab sich mit dieser Lösung zufrieden und somit schien die Welt wieder in Ordnung zu sein. Ich bekam täglich zu essen und erhielt ein bisschen mehr Strukturen, die ich mir jedoch mehr oder weniger selber gab. Das ältere Ehepaar war mit mir überfordert, da ich ihnen auf der Nase herumtanzte und sie ausnutzte. Immer am ersten Tag des Monats erhielten sie ihre Rente und sobald ich herausgefunden hatte, wo sie das Geld aufbewahrten, versorgte ich mich großzügig selber damit.

Mit dem Geld konnte ich meinen Freunden imponieren und meine Brüder ins Kino einladen. Meine Leistungen in der Schule verbesserten sich natürlich dadurch nicht und nur knapp schaffte ich die vierte Klasse.

KAPITEL 2

JUGENDZEIT

Nach der vierten Schulklasse war die Dorfschule für alle Kinder zu Ende und wir besuchten die Schule in der Nachbarstadt. So entstanden in der fünften Klasse neue Freundschaften und ich gründete eine der ersten Jugendgangs in der Nachbarstadt.

Ich hatte »meinen« Jungs beigebracht, wie sie in einem Geschäft stehlen konnten, ohne dabei erwischt zu werden. Nachmittags trafen wir uns immer vor bestimmten Kaufhäusern, die Jungs gingen hinein und brachten mir anschließend die gestohlene Ware. Ich hatte mir mein eigenes Netzwerk von Dieben aufgebaut und machte die gestohlene Ware wieder zu Geld. Mit dem zusätzlichen Rentendiebstahl des Ehepaars in unserem Haus hatte ich mittlerweile ein gutes Einkommen. Hinzu kam, dass ich auch noch das Geldversteck meines Vaters kannte und mit einer gefälschten Unterschrift sogar Geld von seinem Konto abheben konnte.

An manchen Tagen war ich sehr müde von meinen nächtlichen Touren und fuhr morgens mit dem Taxi zur Schule, außerdem hatte ich immer mehrere hundert Mark in der Tasche. Die Eltern einiger meiner Freunde waren oft in Geldnot, so wie meine Mutter. In solchen Situationen half ich dann immer großzügig mit »meinem« Geld aus. Was ich im Fernsehen sah, versuchte ich möglichst professionell umzusetzen und war erfolgreich damit; nur meine schulischen Leistungen wurden immer schlechter, da ich weder Zeit noch Motivation hatte, zu lernen oder Hausaufgaben zu machen.

In meiner Umgebung war ich dafür bekannt, die Schwachen in Schutz zu nehmen. Ich setzte mich für sie ein, da ich meinen eigenen Sinn für Gerechtigkeit entwickelte und es unfair fand, wenn Außenseiter von Stärkeren oder einer Gruppe verprügelt wurden. Selber fing ich nie Streit an, wehrte mich jedoch, wenn ich musste, und war stark genug, mir auch bei älteren Jungs Respekt zu verschaffen.

Die Beziehung zu meinem Vater wurde von den Umständen stark beeinflusst: Mal waren wir dicke Freunde, ein anderes Mal reißende Wölfe, die sich mit gefletschten Zähnen gegenüberstanden. Als die Sache mit meinen Diebstählen wieder einmal aufgeflogen war, sah mein Vater nur noch eine Möglichkeit: mich grün und blau zu schlagen. Als er von der Bank informiert wurde, dass ich mittlerweile fast 2000 Mark von seinem Konto abgehoben hatte, wurde er richtig wütend.

Bei dem Rentnerehepaar wurde das Geld auch immer knapper und sie ahnten, wer schuld daran war. Mein Vater war am Ende seiner Weisheit und völlig überfordert mit mir. Eines Tages musste ich gemeinsam mit meinem Vater beim obersten Jugendrichter erscheinen.

Er blickte mich voller Ernst an und teilte mir mit, dass ich in ein Kinder- und Jugendheim gehen müsste, wenn keine Besserung eintreten würde. Seine Erklärungen machten mir klar, dass ich verantwortlich für mein Handeln war und mein Tun Konsequenzen hatte – und in einem Heim wollte ich auf keinen Fall landen.

In den folgenden Monaten bemühte ich mich sehr, ein guter Junge zu werden und mich an die Abmachungen zu halten, was mir aber sehr schwer fiel.

Nachdem ich der Musiklehrerin eine Schere nachgeworfen hatte, welche diese zum Glück verfehlte, aber dann mit der Spitze im Klavier stecken blieb, wurde ich von der Grundschule geworfen. Ich hatte das getan, weil die Lehrerin mich vor der ganzen Klasse bloßgestellt und gesagt hatte, dass ich ein dummer und frecher Schüler sei. Das hatte mich so verletzt und wütend gemacht, dass ich die Kontrolle verlor.

Nach diesem Vorfall schaltete das Jugendamt meine Mutter ein und sie beschlossen, dass ich die Schule in ihrem Wohnort besuchen sollte und sie nach der Schule die Aufsicht zu übernehmen hätte – oder ich andernfalls mit sofortiger Wirkung ins Heim eingewiesen werden würde.

So bekam ich nochmals eine Chance – dieses Mal wahrscheinlich die letzte! Dank der persönlichen Beziehungen meiner Mutter zum Jugendrichter entkam ich einer Einweisung ins Kinderheim, dies erfuhr ich aber erst sehr viel später.

Zumindest hatte ich jetzt nach der Schule immer ein warmes Essen und war mit einem Teil meiner Geschwister zusammen. Wir Kinder verloren uns nie aus den Augen und hatten uns immer gegenseitig besucht. Meine beiden Schwestern waren das Band, das uns alle zusammenhielt, genauso wie auch unsere lieben Großeltern.

Ich blieb oft bis zum frühen Abend bei meiner Mutter und den Geschwistern. Abends radelte ich nach Hause zu meinem Vater. Die Beziehung zu meinem Vater verbesserte sich in den nächsten zwei Jahren zunehmend und unser Zusammenleben entspannte sich. Auch meine schulischen Leistungen wurden wieder besser, das große Defizit der vergangenen Jahre konnte ich aber nie mehr ganz aufholen.

Als ich mir bei einem Sportunfall den linken Fußknöchel brach, schrieb mich unser Arzt für sechs Wochen krank. Zuerst fand ich es toll, konnte ich doch bis fast mittags im Bett liegen, danach essen und vor dem Fernseher sitzen. Aber schon nach einer Woche hatte ich die Schnauze gestrichen voll vom dauernden Herumliegen.

Ich war sehr motiviert und setzte mir zum Ziel, in der Schule besser zu werden. Dazu richtete ich mir einen alten Tisch ein, den ich als Schreibtisch benutzte, räumte den ganzen Müll aus meinem Zimmer und kaufte mir eine neue Schultasche. Ich fragte meine Englischlehrerin, die im selben Dorf wohnte, ob sie mich morgens mit dem Auto in die Schule mitnehmen könnte, um pünktlich anzukommen. Sie war zwar erstaunt über meine Wandlung, wie übrigens alle anderen Lehrer und Schulkameraden auch, aber sie war bereit dazu und holte mich jeden Morgen ab.

In nur wenigen Wochen wurden meine Noten sehr viel besser, da ich ausgiebig lernte und versuchte, den verpassten Stoff nachzuarbeiten.

Der Direktor und mein Klassenlehrer waren begeistert von meinem Ehrgeiz und es sprach sich schnell in der ganzen Schule herum, wie ich mich verändert hätte. Ich wurde sogar eingeladen, in anderen Schulklassen einen Besuch zu machen und dort zu erzählen, wie ich den Wandel in meinem Verhalten geschafft hätte.

Mein Ziel war, nach der Grundschule eine weiterführende Schule zu besuchen, um danach die Ausbildung zum Zahnarzt zu absolvieren. Ich wurde zwar nicht Klassenbester, war aber motiviert und glücklich, dieses Ziel zu haben.

Knapp ein Jahr lang hielt diese Motivation an, dann lernte ich in den Sommerferien mit meinen damals vierzehn Jahren ältere Jugendliche und Erwachsene kennen und schloss mit ihnen neue Freundschaften. An den Wochenenden stiegen wilde Partys, oftmals auch unter der Woche. Alkohol und Drogen waren mir bis dahin fast noch fremd gewesen, nun wurde ich Schritt für Schritt in diese Welt eingeführt.

Ich war nur noch selten zuhause und mein Vater suchte mich oft, jedoch immer vergeblich! Er versuchte es mit Ausgangssperre und strich mir das Taschengeld, was mich wieder dazu trieb, mir selber Geld zu beschaffen. Folglich stritten wir uns wieder öfter. Meine neuen Freunde vermissten mich und ich wollte wieder mehr Zeit mit ihnen verbringen, was zu vielen Spannungen in meiner Familie führte.

Ein einschneidendes Erlebnis hatte ich an einem Wochenende, als mein jüngerer Bruder zu uns nach Hause in die Ferien kommen durfte. Er war zu dem Zeitpunkt elf Jahre alt und ich genoss es sehr, ihn bei uns zu haben. Mein Vater war mit ihm sehr streng, obwohl er ihn über alles liebte, aber dieser Junge war nun mal von Geburt an ein Dickkopf und setzte diesen eben durch, wenn er irgendeine Chance dazu erhielt. An einem Sonntagmorgen gerieten die zwei in einen so heftigen Streit, dass mein Vater ihn verprügelte. Ich habe heute noch das Schreien meines Bruders in den Ohren, weil es mich so tief berührte. Ich hielt mir die Ohren zu, während mein Vater immer heftiger auf ihn einschlug und dazu einen Gürtel benutzte. Je mehr mein Bruder schrie, desto heftiger wurden die Schläge.

Ich saß in der Küche im Erdgeschoss; mein Bruder und Vater waren beide ein Stockwerk weiter oben im Schlafzimmer. Als mein Bruder mich laut um Hilfe rief, hielt ich es nicht mehr aus und rannte nach oben. Ohne zu überlegen, packte ich mit beiden Händen meinen Vater am Hals und drückte fest zu. Ich drückte ihn an die Wand und hielt seine Kehle so fest zu, dass er anfing zu röcheln. Ich schaute in seine wild funkelnden Augen und knurrte ihn an: »Lass meinen Bruder in Ruhe und fass ihn nie wieder an, sonst bist du ein toter Mann!«

Das war für uns alle ein einschneidendes und sehr schwieriges Erlebnis. Mein Vater begriff auf einmal, dass ich ihm körperlich überlegen geworden war und ihm die Erziehung seiner Kinder über den Kopf wuchs. Ich war kräftig und scheute mich nicht, diese Kraft einzusetzen, wenn ich es für nötig hielt.

Ich nahm meinen Bruder mit zu meiner Mutter und wir blieben dort einige Tage, ohne ihr den Vorfall zu erzählen. Danach

kehrten wir zurück zum Vater, aber über das Geschehene sprachen wir nie und jeder behielt es in irgendeiner Form im Herzen,
wo es Wurzeln schlug. Wieviel besser wäre es uns allen gegangen,
wenn wir darüber hätten sprechen und weinen können, aber wir
schafften es leider nicht.

Nach den Sommerferien entschied ich mich, nur noch das
zu machen, wozu ich Lust hatte; meinem Vater wollte ich keine
Chance mehr geben, mich in bessere Bahnen zu lenken. Mehrere Wochen schwänzte ich den Schulunterricht und tauchte zu
Hause gar nicht mehr auf. Mein Vater gab eine Vermisstenan-
zeige auf, die Polizei suchte nach mir in der Stadt und den umliegenden Dörfern. In der nächst größeren Bezirksstadt hatte ich
von einem älteren Freund ein Zimmer bekommen, das er sich in
einem alten Caféhaus angemietet hatte. Ich schlief immer lange
aus und abends ging ich mit Freunden aus, die viel älter waren.
Dank kleiner Aushilfsjobs konnte ich mich über Wasser halten
und auch meine Freunde unterstützten mich finanziell. Ich wollte
nicht mehr von meinem Vater abhängig sein und suchte Freiheit.

Nach einer Weile verließ ich meine Freunde und zog in eine
nahe gelegene Waldhütte, die ich ganz in der Nähe des Dorfes
gefunden hatte. Das Einzige, was ich zu diesem Zeitpunkt besaß,
war eine kleine Tasche mit ein paar Kleidern und etwas Geld.
Ich wollte allein sein und über mein Leben nachdenken. Trotz
allem, was vorgefallen war, vermisste ich meinen Vater und mein
Zuhause und wünschte mir, die Zeit zurückdrehen zu können.

An manchen Tagen ging ich früh am Morgen zu Fuß durch
den Wald an die Stelle, an der mein alter Freund, der Baum,
stand.

Dort wartete ich solange in der feuchtkalten Morgendämme-
rung, bis ich meinen Vater entdecken konnte, wie er über die
Dorfbrücke ging. Ich schaute ihm solange nach, bis er an der
Bushaltestelle ankam und gemeinsam mit seinen Kollegen zur
Arbeit fuhr.

Einerseits vermisste ich ihn und seine Nähe, andererseits wollte ich weit weg sein. Ich träumte von fernen, exotischen Ländern, einer verträumten Insel in Malaysia oder dem wilden, ungezähmten Afrika. Dieselben Träume hatte ich keine zehn Jahre zuvor bereits an der gleichen Stelle gehabt, als ich als kleines Kind mit meinem Freund »Gott« redete. Doch mit ihm hatte ich schon sehr lange nicht mehr gesprochen und hatte ihn in den vergangenen Jahren fast schon ganz vergessen.

Ich kam jeden Morgen an die gleiche Stelle am Waldrand, schaute meinem Vater nach und träumte vor mich hin. Ich kann mich noch gut erinnern, dass ich an vielen Tagen außer altem Brot nichts zu essen hatte. Nachts rauschte der Wind im Wald und die Bäume knirschten. Diese Geräusche klangen wie Musik; eine seltsame und schöne Symphonie und ich lauschte ihr gerne. Wenn es regnete, ging es mir sogar noch besser, denn dadurch wurde ich sehr müde und konnte den Hunger besser verdrängen.

Nahe der Hütte gab es eine Süßwasserquelle, aus der ich trinken konnte. Mittlerweile war ich schon über zwei Monate von zuhause weg und hatte zu meiner Familie und meinen Schulfreunden jeden Kontakt verloren. An einem Nachmittag entschied ich mich spontan, meine Mutter und Geschwister zu besuchen, und sie alle freuten sich sehr, mich wieder zu sehen. Ich füllte meinen Bauch mit Essen und tischte ihnen die Lüge auf, dass ich in Frankfurt bei Freunden wohnen würde. Dadurch wollte ich verhindern, dass mich die Polizei finden konnte und mich zurück zu meinem Vater oder ins Heim brachte.

Als ich am gleichen Abend in Richtung Stadt lief, traf ich einige meiner ehemaligen Schulkameraden. Sie freuten sich, mich nach längerer Zeit wieder zu sehen. Ich erzählte ihnen die gleiche Geschichte und fügte hinzu, dass ich bald auf einem Schiff arbeiten und nach Asien auf eine Insel reisen würde. Gesättigt wie schon lange nicht mehr, kehrte ich in meine Hütte zurück und konnte es so wieder einige Tage aushalten.

Die Zeit verstrich und die Blätter nahmen die Farben des Herbstes an, gleichzeitig wurde es kälter. Immer noch war ich jeden Morgen bei meinem Baum und wartete darauf, meinen Vater zu sehen. Jeden Tag hatte ich denselben Ablauf. Morgens erwachte ich hungrig und abends schlief ich wieder hungrig in der Hütte ein.

An einem Samstagmorgen hatte ich die Vorahnung, dass etwas passieren würde. Irgendwie kam mir der Gedanke, dass mein Vater mich im Wald suchen würde, obwohl meine Mutter und meine Geschwister tatsächlich glaubten, dass ich in Frankfurt sei.

Und wirklich hörte ich auf einmal Schritte und leise Stimmen vor der Hütte. Als ich die Tür öffnete, stand mein kleiner Halbbruder davor und lachte mich mit offenem Mund an. Im ersten Moment freute ich mich, aber gleich danach fühlte ich mich erwischt. Mein Vater stand ebenfalls da und sagte leise und sanft: »Komm jetzt nach Hause, mein Sohn, ich vermisse dich.«

Ich ließ mich überreden und ging mit den beiden durch den Wald Richtung Dorf. Natürlich wollte ich von meinem Vater wissen, woher er gewusst hatte, dass ich in der Hütte sei. Er meinte einfach, er hätte es geahnt. Wie das möglich ist, weiß ich bis heute nicht. Das wird wohl der sechste Sinn von Eltern sein.

Zuhause angekommen, gab es zu meiner Wohltat erst einmal eine deftige Mahlzeit. Noch am Tag meiner Rückkehr besuchte mich meine große Schwester und verarztete mich an einigen Stellen, die offen und wund waren, denn die hygienischen Bedingungen im Wald waren auf längere Sicht wohl nicht die besten.

Irgendwie war ich wieder sehr froh, meine eigenen vier Wände zu haben, und schon bald hatte ich mich einigermaßen an ein geregeltes Leben gewöhnt. Morgens ging ich wieder regelmäßig zur Schule, am Nachmittag zu meinen Geschwistern und am frühen Abend war ich zuhause bei meinem Vater. In der Schule war ich ein Held und genoss es, wenn Freunde und vor allem die aus den oberen Klassen mir auf die Schultern klopften und mich bewunderten.

Durch die lange Schulabwesenheit hatte ich viel Schulstoff verpasst. Ich war 14 Jahre alt und hatte noch zwei Jahre Schule vor mir, ohne die Aussicht, in irgendeiner Weise erfolgreich zu werden.

Diese fehlende Zukunftsaussicht brachte mich dazu, mir wieder mit Diebstählen und Einbrüchen Geld zu verschaffen. Bereits zu Beginn der neunten Klasse wurde ich von der Schule verwiesen, weil ich zu viele Fehlzeiten hatte und mich nicht einordnen konnte.

Mit viel Glück nahm mich eine andere Schule in der Stadt auf. An dieser Schule kam ich wieder mit meinen alten Jugendfreunden zusammen. Ich hatte keine Chance mehr, den schulischen Anforderungen gerecht zu werden und auch jegliche Lust dazu verloren.

Von nun an orientierte ich mich am Leben meiner Freunde in der Stadt und verbrachte die meiste Zeit in verschiedenen Lokalen. Ich besuchte unser Szenelokal sehr oft, in dem ich auch wieder einen Teil meiner älteren Freunde antraf. Da war zum Beispiel Franco, ein Italiener, der mit seiner Familie ein rentables Lokal betrieb. Sein Vater fuhr einen prächtigen Sportwagen und beim Vorbeifahren hielten sie immer an und luden mich zum Essen ein. Seine Mutter Maria war eine ausgezeichnete Gastgeberin und beim gemeinsamen Pizzaessen lernte ich die ganze Familie kennen.

An manchen Wochenenden traf ich Franco, der ungefähr 18 Jahre alt war, in der Disco. Die meisten schlugen einen großen Bogen um ihn, da er ein guter Boxer war und bekannt dafür, zuschlagen zu können. Nach einigen Monaten war Franco jedoch nirgends mehr anzutreffen und keiner wusste so genau, wo er war – seine Familie ließ mir ausrichten, dass er für längere Zeit in Italien sei.

Die Schulbesuche machten mir weiterhin zu schaffen und den Abschluss schaffte ich nur mit Mühe und Not. Nach den Sommerferien arbeitete ich in einer Isolationsfirma und verdiente gutes Geld. Eigentlich hätte ich mit einer Ausbildung beginnen müssen, doch Geld zu verdienen und Discobesuche waren mir wichtiger!

Mit der Zeit lernte ich die Szene und das Milieu immer besser kennen und vor allem die harten Jungs, die dort das Sagen hatten und mit Drogen und Frauen ihr Geld verdienten. Es imponierte mir sehr und ich war bereit, die Schwelle zu dieser faszinierenden Welt zu überschreiten.

KAPITEL 3

UNTERWEGS IN DER SZENE

D isco- und Clubbesuche wurden für mich wichtiger als das langweilige und normale Arbeitsleben und deshalb kündigte ich wieder meinen Job. In unserem Dorf gab es damals die erste Diskothek des Oberrheins, welche Ende der siebziger Jahre einen großen Bekanntheitsgrad hatte.

Schon nach wenigen Besuchen freundete ich mich mit dem Besitzer Heinzi Fuchs an und bekam einen Job als DJ. An manchen Tagen arbeitete ich auch hinter der Bar, was mir besonders viel Spaß machte. Schon nach kurzer Zeit hatte ich das Gefühl, dazuzugehören, und empfand den Club wie ein Zuhause.

Nach der Arbeit gingen wir Mitarbeiter meistens gemeinsam essen und feierten bis in die frühen Morgenstunden hinein. Wenn der Tag begann und die meisten Leute auf dem Weg zur Arbeit waren, kam ich erst nach Hause. Das Publikum der Disco war bunt gemischt, von edlen Clubbesitzern, Dirnen, Chemiearbeitern bis zum Bauern, was ich sehr spannend fand, da ich dadurch immer interessante Leute kennen lernte.

Da war zum Beispiel Jürgen Freitag, der in der Szene von Basel bis zum Bodensee bekannt war. Ihm ging man besser aus dem Weg, denn er war vom Typ her ein »Jesse James«, eines meiner Fernsehvorbilder aus Kindertagen. Sein bester Freund Ringo war aus dem gleichen Holz geschnitzt und die beiden galten als die Helden vom Oberrhein. Sie trugen stets eine Waffe bei sich und sogar die Polizei machte einen Bogen um sie. Wenn doch einmal ein Zivilbeamter auftauchte, erhielt er einen Drink aufs Haus und durfte sogar mit der Bardame flirten, bevor er wieder verschwinden musste.

Meine Freundschaft mit Jürgen gewann immer mehr an Bedeutung und er wurde zu meinem Vorbild, oder mehr noch: Er war mir wie ein großer Bruder, zu dem ich aufsah und den ich bewunderte. An manchen Wochenenden nahm er mich mit auf seine Touren, auf denen er verschiedene Nachtclubs der Gegend besuchte. Es wurde gemunkelt, dass er Schutzgeld kassiere und im Gegenzug die Clubs vor den Italienern beschütze! In den Clubs gab er mich als seinen kleinen Bruder aus, was mich natürlich unheimlich stolz machte und mich noch mehr in meinem Gefühl bestätigte, ihm wichtig zu sein. Durch Jürgen bekam ich den heiß ersehnten Zugang zu den Clubs und lernte mit der Zeit immer mehr spannende Menschen aus dem Milieu kennen.

Vor allem genoss ich das Gefühl, »jemand zu sein«. Zum Beispiel, wenn die Türsteher mir übertrieben freundlich die Türen öffneten, weil sie mich – oder besser gesagt: Jürgen – kannten. Ich übernahm den Kleiderstil Jürgens, um genauso cool zu wirken wie er: Blue Jeans, Cowboyboots und eine schwarze Lederjacke. Das wurde sozusagen unsere »Familienkluft«, denn dadurch sahen wir noch mehr wie Brüder aus. Aber nicht nur in Sachen Kleidung passte ich mich ihm an. Von Jürgen lernte ich, mich in der Szene durchzusetzen, um zu erreichen, was ich wollte.

Eines Tages erhielt ich die schlimme Nachricht, dass Jürgen in Haft sei und für längere Zeit auch keine Besuche empfangen durfte. In stark alkoholisiertem Zustand hatte er mit seinem Auto zwei ältere Frauen überfahren, die am Sonntagmorgen die Kirche besuchen wollten. Daraufhin beging er auch noch Fahrerflucht und lieferte sich eine wilde Verfolgungsjagd mit der Polizei, die an einer Mauer endete. So betrunken, wie er war, ließ er sich ohne Gegenwehr von den Beamten in Handschellen abführen. Vor Gericht meinte er kalt und gefühllos: »Die Frauen hätten eines Tages sowieso sterben müssen!«

In der Szene und in den Medien wurde das Thema um Jürgen lang und breit kommentiert und jedes Mal empfand ich eine tiefe Traurigkeit. Einerseits über den Tod der Frauen, andererseits über mein Bild Jürgens, das nun völlig verändert war. Seine Reaktion vor Gericht und seine Einstellung gegenüber dem Vorfall erschütterte mich gewaltig und zerstörte mit einem Schlag die Achtung und Sympathie, die ich für ihn empfunden hatte.

Meine Arbeit in der Disco behielt ich trotz des Vorfalls. Ab und zu schlief ich auch wieder zuhause bei meinem Vater. Die Beziehung zu ihm blieb jedoch distanziert. Nach und nach entwickelte sich eine neue Freundschaft. Und zwar zu Ewald, einem Stammgast der Disco, in der ich arbeitete. Er roch nach »Schweinchen und Stall« und seine Hosen trug er fest zusammengebunden über den Bauch, dazu meistens ein goldfarbenes Hemd. Sein Erkennungszeichen war ein fetter Pontiac mit 280 PS unter der Haube.

Nun, da Jürgen Freitag im Knast war, kam dieser neue Freund für mich wie gerufen. Ewald wurde zu meinem Chauffeur und ich genoss es, wenn er so richtig aufs Gaspedal drückte. Wir besuchten gemeinsam die Clubs in den anderen Städten, denn dank meiner Zeit mit Jürgen kannte ich jeden Club, die Türsteher und auch ihre Besitzer. Die Getränke gingen meistens auf Kosten des Hauses. Ewald wog gute 120 Kilo und wirkte wie Bud Spencer. Die meisten Leute machten einen großen Bogen um ihn, was aber möglicherweise auch an seinem Geruch lag.

Meine Eintrittskarte für die Clubs war weiterhin Jürgen. Obwohl er hinter Gittern saß, hatte man immer noch Respekt vor ihm. Da ich tatsächlich für seinen jüngeren Bruder gehalten wurde, konnte ich ungehindert jeden Türsteher passieren. Manchmal traf ich auf Jürgens alten Freund Ringo, der es irgendwie zu einem angesehenen Geschäftsmann gebracht hatte.

Durch die vielen neuen Kontakte dieser zwielichtigen Welt öffneten sich mir die Türen zur Drogenwelt und mir wurde ein entsprechender Job angeboten. Ich sollte bei einer Drogenübergabe Schutz bieten und danach die Schmuggel-Crew von der holländischen Grenze aus wieder nach Süddeutschland begleiten. Mich reizte das Neue und Gefährliche und um schnell viel Geld zu verdienen, willigte ich ein. Von Drogen ließ ich selbst meine Finger lieber weg, rauchte nur ab und zu mal einen Joint.

Die einzige Bedingung bei diesem lukrativen Job war, dass ich immer eine Schusswaffe bei mir tragen musste und bei Bedarf sofort davon Gebrauch machen sollte. Der Job selbst war für mich einfach, aber die Drogenwelt gefiel mir nicht, deshalb stieg ich trotz den guten Verdienstmöglichkeiten bald wieder aus diesem Geschäft aus.

Werner stammte aus der Nähe von Köln und kam immer wieder in unsere Diskothek. Er hatte die letzten zwölf Jahre im Gefängnis verbracht und verbüßte gerade eine Sicherheitsverwahrung. Sein Vater war ein alter Zuhälter, der in der Nähe von Dortmund einen schäbigen Nachtclub besaß.

Werner hatte einen Kollegen, eine Art Geschäftspartner, mit dem Namen Albrecht. Eines Abends traf ich mich mit den beiden und sie schlugen mir ein lukratives Geschäft vor. Ihre Haupteinnahmequelle bestand aus Einbrüchen in Villen. Sie waren auf diverse Kunstgegenstände spezialisiert, vor allem aber auf teure Bilder und kostbaren Schmuck. Albrecht besorgte die Adressen von großen Villen und Werner und ich waren für die Planung und Durchführung des Einbruchs zuständig.

Mit Einbrüchen hatte ich ja bereits Erfahrungen gemacht und somit keine Angst, erwischt zu werden. Die Idee, wenige wertvolle Gegenstände aus Villen zu stehlen und so schnelles Geld zu verdienen, gefiel mir. Dass es sich dabei um Diebstahl und somit kriminelle Taten handelte, störte mich nicht. Außerdem war meine Haltung, dass reiche Leute von ihrem Überfluss, der sowieso versichert war, ruhig abgeben könnten und immer noch genug besäßen.

Anfangs lief das Geschäft reibungslos. Ohne Probleme konnten wir in die Villen einsteigen und sie ausplündern. Für manche Villen hatte Albrecht auf mysteriöse Art einen Schlüssel besorgt. Er war ein Experte in der Kunstwelt und wusste genau, welche Bilder und Kunstgegenstände kostbar waren. Nach einigen Monaten gerieten Albrecht und Werner in einen heftigen Streit und trennten sich voneinander. Zu zweit erschien mir das Unterfangen schwieriger und alleine mit Werner wollte ich nicht weiterarbeiten.

Nach fünfzehn Monaten wurde Jürgen dank guter Führung vorzeitig entlassen und war wieder auf freiem Fuß. Ich musste nicht lange warten und traf ihn bald in unserer Heimatstadt. Noch in derselben Nacht fuhr ich mit ihm und zwei Freunden in die Clubs und wir feierten gemeinsam seine Entlassung.

Unterwegs in den nächsten Club fuhren wir auf einem abgelegenen Weg durch den Wald. Ganz unvermittelt drückte mir Jürgen, der hinter mir auf dem Rücksitz des Autos saß, den Lauf seiner Pistole an die Schläfe. In wenigen Sekunden sah ich vor meinem inneren Auge wieder einen Film ablaufen, wie ich es schon mit meinem Vater erlebt hatte, als er mir das Messer an die Kehle gedrückt hatte. Alle anderen im Auto waren in diesem Moment ganz still und wussten nicht, wie sie sich verhalten, geschweige denn, wie sie die Situation überhaupt verstehen sollten, als Jürgen plötzlich laut und hysterisch auflachte und rief: »Das war nur Spaß, mein Freund!«.

Meine Gedanken kreisten wie wild in meinem Kopf und ich wusste eines: Ich musste rasch handeln, denn ich wollte auf keinen Fall, dass es noch einmal zu einem solchen Zwischenfall kommen würde. Wütend, aufgeregt und mit Adrenalin vollgepumpt, wie ich war, saß ich mit geballten Fäusten im Auto und wartete darauf, dass wir vor dem Club anhielten. Kaum waren wir aus dem Auto gestiegen, ging ich auf Jürgen zu, verpasste ihm mit der Faust einen harten Schlag unter die Nase und schlug mit flacher Hand auf seine Ohren, bis er halb bewusstlos zu Boden fiel.

Ich warf mich über ihn, zog ihm seine Waffe aus der Jacke und hielt sie ihm zwischen die Beine. In dieser Position flüsterte ich ihm ins Ohr, dass er mir in Zukunft nicht mehr in die Augen schauen solle. Er brachte gerade noch ein schwaches Nicken zustande, was mir als Einverständnis genügte. Dann gab ich dem Türsteher des Clubs, der alles gesehen hatte, und meinen sprachlosen Kollegen zu verstehen, dass niemand von uns wisse, wer Jürgen so zugerichtet hatte. Rasch versteckte ich Jürgens Waffe im Auto meines Freundes.

Wenige Minuten später kam der Krankenwagen und fuhr ihn mit Blaulicht in das nächste Krankenhaus. In der Szene sprach sich der Vorfall sehr schnell herum. Jürgen und einige seiner Freunde gingen mir von nun an aus dem Weg und ich gewann die Oberhand. Jürgen war für mich zu unberechenbar geworden und durch mein Handeln hatte ich mir seinen Respekt verschafft. Dieser Respekt hinderte ihn daran, mich weiterhin als Spielball zu benutzen. Jürgen hielt sich an unsere Abmachung: Wenn ich ihn in der Stadt oder in Clubs irgendwo antraf, schaute er in eine andere Richtung und ging mir aus dem Weg. Die ganze Sache tat mir lange Zeit irgendwie noch leid, denn eigentlich mochte ich ihn immer noch sehr und Gewalt anzuwenden, war normalerweise nicht meine Art, um Konflikte zu lösen.

Einige Jahre später traf ich Jürgen überraschend auf einem Fest. Als ich ihn sah, war ich bereit, Frieden zu schließen. Ich ging direkt auf ihn zu, reichte ihm die Hand und sagte: »Hey Jürgen, hier ist meine Hand. Lass uns Frieden schließen und ein Bier auf die Zukunft trinken, das Geschehene wollen wir vergessen!« Ein Stück der alten Vertrautheit kam somit zurück, unsere Beziehung bestand aber aus mehr Respekt vor mir als früher und er realisierte, wozu ich fähig war.

Ein gutes Jahr nach diesem Zwischenfall mit Jürgen stieg ich aus der Szene aus. Ich hatte genug von einem Leben, das sich nur um Clubs und Partys drehte, und wollte ein normales Leben führen – oder es wenigstens versuchen.

Ich begann eine Ausbildung als Zimmermann, fing an, mich körperlich fit zu halten, und achtete auf einen gesunden Lebensstil. Mit viel Disziplin trainierte ich fast täglich im Fitnessstudio Kraft und Ausdauer und lief nach der Arbeit locker noch zwanzig Kilometer durch den Wald. Das harte Training half mir sehr, von der Szene Abstand zu nehmen.

Mittlerweile war ich knapp zwanzig Jahre alt und besuchte ab und zu wieder meine alten Freunde aus der Schulzeit aus dem Nachbardorf. Eines Tages ging ich in das Dorf-Café und traf dort meinen alten Freund Franco an.

Ich erkannte ihn kaum noch, da er nach fast einem Jahr auf der Flucht vor der Justiz und zweieinhalb Jahren im Knast richtig dick geworden war. Franco war an einem ähnlichen Punkt im Leben wie ich angekommen und auf der Suche nach einem neuen Lebensinhalt. Er war ein guter Boxer und Draufgänger, als Typ war er eher unbeliebt, da er immer wieder Konflikte provozierte und dann handgreiflich wurde.

Meine Figur und Einstellung zum Sport beeindruckten ihn und nach einigen Wochen begannen wir, täglich miteinander zu trainieren, wodurch unsere Freundschaft zueinander wuchs. Sein Vater Carlos betrieb eine Restaurantkette.

Ab und zu arbeiteten wir bei seinem Vater im Geschäft mit, wodurch wir etwas Geld verdienten. Carlos plante gerade die Eröffnung einer weiteren Filiale und wollte uns diese übergeben. Franco und ich entschieden jedoch, lieber dem Sport unsere Zeit zu widmen.

Eines Tages rief uns Francos Vater an und bat uns, so schnell wie möglich zu ihm in eines seiner Restaurants im Schwarzwald zu kommen. Sofort machten wir uns auf den Weg, denn Carlos Stimme hatte sehr ernst geklungen. Nach unserer Ankunft erkannten wir auch gleich weshalb. Im Garten vor dem Restaurant stand Carlos Zweitwagen, ein Alfa Romeo Cabriolet, der völlig ausgebrannt war.

Carlos und sein alter Jugendfreund Roberto warteten schon und erklärten uns, dass eine sizilianische Gruppe von fünf Männern ein paar Tage zuvor bei ihm gewesen sei und ihn seitdem unter Druck setzte. Sie hatten Carlos gedrängt, sein Geschäft an sie zu verkaufen. Er hatte abgelehnt und in der darauffolgenden Nacht wurde sein Auto angezündet. Diese aggressive Vorgehensweise zeigte, dass die Sizilianer bereit waren, einiges zu tun, um zu bekommen, was sie wollten. Carlos bat uns, in den nächsten Tagen in seinem Haus und Restaurant zu bleiben und Wache zu halten – dass aus den paar Tagen ganze eineinhalb Jahre werden sollten, ahnte ich zu diesem Zeitpunkt nicht.

Am Abend kam Roberto bei uns vorbei und bat Franco und mich, ihn in den Keller zu begleiten. Dort drückte er jedem von uns zwei scharfe Pistolen in die Hand. Ruhig erklärte er uns, wie wir die Waffen richtig benutzen sollten, und verabschiedete sich dann lächelnd von uns, indem er gelassen meinte: »Falls diese Jungs nochmals auftauchen, erschießt sie einfach!«

Auf meine erstaunte Frage, ob das ein Witz gewesen sei, schüttelte Franco den Kopf und erzählte mir die Lebensgeschichte von Roberto. In jungen Jahren erschoss Roberto in seiner Heimatstadt in Italien einen jungen Mann vor den Augen dessen Familie.

Der Erschossene war der Sohn eines Mitglieds einer mächtigen Mafiabande aus Kalabrien gewesen, der versucht hatte, mit der Frau von Roberto anzubändeln. Roberto forderte ihn auf aufzuhören, doch der Jüngling hielt sich leider nicht an die Warnung – zu seinem Unglück. Nach dem Mord verließ Roberto in derselben Stunde die Stadt und lebte einige Jahre im Exil in der Nähe von Bergamo.

In der ersten Nacht bewachten wir das Haus, das Restaurant und die umliegenden Gebäude, es blieb jedoch alles ruhig. Erst als es wieder hell wurde, legten wir uns für einige Stunden schlafen.

Am Nachmittag kam Roberto zum Essen und wir saßen alle gemeinsam am Mittagstisch. Roberto gab uns zu verstehen, dass die Sizilianer, die »Morro-Brüder«, wahrscheinlich mit dem Brand des Autos in Verbindung standen. Erst später erfuhr ich, dass Roberto die Morro-Brüder an diesem Abend in das Restaurant bestellt hatte. Wenig später tauchten die Sizilianer auf und traten ein. An der Tür des Restaurants wurde ein Schild angebracht: »Wegen Familienfeier geschlossen.«

Alles sah von außen friedlich und unauffällig aus: Wir saßen um einen großen Tisch und unterhielten uns über den Vorfall des Brandes am Sportwagen. Die Morro-Brüder wirkten sehr ruhig, cool und versicherten uns, dass sie mit dieser Sache nichts zu tun hätten. Sie zeigten Carlos gegenüber nur Interesse am Kauf des Restaurants – mehr nicht.

Nach langen Diskussionen verabschiedeten sich die Männer freundlich und boten uns sogar noch ihre Hilfe an. Wir blieben noch lange sitzen und berieten uns, wie es weitergehen sollte. Uns war allen klar, dass sie dahinter steckten; wir mussten sie nur irgendwie überführen.

Irgendwie hatte Roberto am nächsten Tag die Information erhalten, dass die Morro-Mitarbeiter sich jeden Abend zum Essen in einem italienischen Exklusivrestaurant in der Nähe trafen. Wir beschlossen, sie noch am gleichen Abend dort zu überraschen.

Im Restaurant empfing uns der Chef des Hauses persönlich, der ein alter Freund von Roberto war. Unser reservierter Tisch stand genau neben dem der Morro-Mitarbeiter.

Wir begrüßten die drei Herren, Kumpanen der Morro-Brüder, freundlich und spendierten eine Runde Grappa für alle. Während des Essens tauschten Carlos und Roberto immer wieder wie zufällig ein paar freundliche Worte mit ihnen aus.

Robertos Plan war, dass wir vor ihnen das Lokal verlassen und sie vor dem Eingang abfangen sollten. Der Restaurantbesitzer war von Roberto über unseren Besuch im Vorfeld genauestens informiert worden und der Plan ging perfekt auf. An diesem Abend kam es mir so vor, als würde ich bei den alten Cosa Nostras am Tisch sitzen. Nach einer Weile gab uns Roberto das vereinbarte Zeichen und wir verabschiedeten uns von den Sizilianern am Tisch nebenan.

Vor dem Eingang plauderten wir möglichst unauffällig miteinander und als die drei Männer wenig später das Lokal verließen, bot Franco ihnen draußen Zigaretten an. Während wir noch über Gott und die Welt redeten, überrumpelte Carlos einen der Dreien und schlug ihn ohne Vorwarnung mit einem Hieb zu Boden. Ich merkte, dass Carlos unheimlich wütend war, und mir schwante Böses. Trotzdem stand ich zu ihm und half Franco, die zwei anderen Jungs festzuhalten und ihre Arme nach hinten zu drücken. Roberto stand direkt neben mir und ich sah wie in Zeitlupe, dass er seine Waffe aus der Jacke zog und den Lauf an die Schläfe des Mannes drückte, den ich gerade festhielt. Ich kann mich heute noch an jedes Detail erinnern, was dann geschah: Roberto drückte ab... und es klickte.

Eiskalt und ruhig sagte er dem Sizilianer, dass nun genug gespielt worden und beim nächsten Schuss die Waffe geladen sei. Alle Anwesenden waren ganz still und der verängstigte Mann mit dem Lauf an der Schläfe tat mir beinahe leid, da er vor Angst ganz apathisch wurde und leise wimmerte.

So schleppten wir die völlig eingeschüchterten Männer gemeinsam in den Hinterhof des Restaurants. Dort fragte Roberto sie mit leiser, aber ernster Stimme: »Habt ihr das Auto angezündet oder nicht?« Was wir geahnt hatten, wurde nun mit einem leisen und bebenden »Si« bestätigt.

Nun wussten wir mit Sicherheit: Die Morro-Brüder hatten ihre Finger im Spiel und benutzten diese Männer als Handlanger für ihre schmutzigen Geschäfte. Der eine Mann stand nach unserer Einschüchterung total unter Schock. Immer wieder sagte er uns leise wimmernd, dass er Frau und Kinder habe und sie ihn brauchten. Der Restaurant-Besitzer öffnete eine kleine Türe zum Hinterhof, durch welche wir die drei Männer schubsten und in ein Nebenzimmer brachten. Dort konnten wir ruhig miteinander sprechen und nach einem doppelten Espresso konnte sich auch der total verängstigte Mann wieder am Gespräch beteiligen.

Carlos hatte sogar Mitleid mit ihm, nahm ihn brüderlich in den Arm und beruhigte ihn. Die drei entschuldigten sich vor allem bei Carlos für ihr Verhalten und gestanden unter Tränen ihre Tat. Wir einigten uns darauf, dass sie den Morro-Brüdern nichts über unseren Kontakt erzählen würden oder davon, dass wir jetzt mit Sicherheit wussten, wer das Auto in Brand gesetzt hatte. Im Gegenzug versprach Carlos, bei der Polizei keine Anzeige zu erstatten.

Am nächsten Tag bestellte Roberto die Morro-Brüder wieder in Carlos' Restaurant. Nach kurzem Smalltalk lenkte Roberto das Thema wieder auf das abgebrannte Fahrzeug und machte ihnen klar, dass Augenzeugen aufgetaucht wären und wir genau wüssten, wer das Auto angezündet habe. Noch während wir ihnen das erklärten, betrat ein älterer Sizilianer den Raum durch den Hintereingang, bei dessen Anblick sich die Mienen der beiden Brüder augenblicklich versteinerten. Der ältere Herr war ihr Onkel, den Roberto persönlich kannte und den er über die Sache informiert hatte.

Mit dem Eintreten des Onkels veränderte sich die Situation schlagartig. Auf einmal verwandelten sich die abgebrühten, sizilianischen Mafiosi in kleine Jungs, die aussahen, als wären sie soeben beim Unfug machen erwischt worden und würden gleich Prügel von Papa erhalten. Ihr Onkel verlangte, dass sie sich bei Carlos entschuldigten, was sie dann auch unverzüglich taten.

Nachdem wieder Ruhe im Geschäft von Carlos eingetreten war, wollte ich endlich wieder zurück in mein Dorf gehen. Als ich schon meine Abreise plante, erfuhr ich glücklicherweise durch ein Telefonat meiner Mutter, dass mich die Polizei suchte. Von meiner Arbeit in der Diskothek kannte ich noch einen Polizisten, auf den Verlass war und von dem ich wusste, dass er mich nicht verpfeifen würde. Rasch kontaktierte ich ihn, und erfuhr, dass tatsächlich ein Haftbefehl gegen mich vorlag – aufgrund des Verdachts auf diverse Einbrüche im Ausland und unerlaubten Waffenbesitz.

Die Polizei hatte im Zuge der Fahndung nach mir auch mein Zimmer im Haus meines Vaters durchsucht und die Waffe gefunden, die ich für den Auftrag an der Grenze zu Holland benötigt hatte und seitdem dort versteckt hielt. Lange zerbrach ich mir den Kopf, wer der Polizei wohl einen Tipp gegeben hatte. Aber alle Personen, die ich durchging, konnte ich gleich wieder verwerfen. Nach vielen Überlegungen blieb am Ende nur eine Möglichkeit. Die einzigen Leute, welche alles über die Einbrüche in den Villen wussten und diese Details überhaupt ausplaudern konnten, waren meine zwei Komplizen von damals. Aber obwohl ich wusste, dass nur diese zwei in Frage kommen konnten, wollte ich mir das nicht eingestehen und verdrängte den Gedanken rasch wieder.

Da ich nun unmöglich in mein Heim zurückgehen konnte, fragte ich Carlos, ob ich noch eine Weile bei ihm bleiben dürfe. Zum Glück war das kein Problem und ich nutzte die Zeit, um mehr Informationen über die Sache zu erhalten. Ich musste in Erfahrung bringen, was die Jungs alles über mich erzählt hatten, um die Situation richtig einschätzen zu können. Nach einigen Telefonaten fand ich heraus, dass sich Albrecht in der Kreisstadt meiner Heimat aufhielt, also machte ich mich auf und suchte als erstes seinen Stammclub auf, wo ich ihn auch prompt fand. Zum Glück war er offen und gab mir wichtige Informationen. Zum Beispiel erzählte er mir, dass Werner bei der Grenzüberfahrt von der Schweiz nach Deutschland erwischt worden war. Als die Grenzwächter das Fahrzeug durchsuchten, fanden sie meinen alten abgelaufenen Pass und verdächtigten mich sofort der

Mitarbeit. Albrecht versicherte mir, dass dies alles war, was die Polizei über mich wusste. Sie hatten also nichts gegen mich in der Hand und auch wenn ich wusste, dass es riskant war, übernachtete ich bei Albrecht und plante, am nächsten Morgen in meine Heimatstadt zu fahren.

Der nächste Tag begann mit einer Eiseskälte und der graue Wintermorgen kam mir eigentlich ziemlich gelegen, denn mit meiner dicken Felljacke und einer tief ins Gesicht gezogenen Mütze würde mich hoffentlich keiner erkennen. Die Zugfahrt war kurz und dort angekommen, warteten bereits Carlos und Franco, wie vereinbart, am Bahnhof auf mich. Gemeinsam wollten wir zu Carlos' Restaurant fahren und hielten an einer Tankstelle an. Ich stieg ebenfalls aus dem Wagen und schlenderte zu einem zum Verkauf ausgestellten Auto. Um zu sehen, wieviel der Wagen kostete, wischte ich den Schnee von der Frontscheibe. Als ich mich wieder umdrehte, blieb ich abrupt stehen: Ein mir bekannter Stadtpolizist stand direkt vor mir und sagte streng: »Junge, du bist verhaftet!«

Ich gab mich völlig unbeeindruckt und sagte ihm, dass ich korrekt mit Vor- und Nachnamen angesprochen werden wolle, und kein »Junge« mehr sei. Meine Antwort veranlasste ihn dazu, sich noch mehr aufzuspielen, und auch wenn er gerade außerdienstlich unterwegs war, machte er mir klar, dass er mich sofort in Gewahrsam nehmen könne. Ich lachte laut, was ihn richtig wütend werden ließ, seine Augen funkelten mich böse an. Er packte mich an meiner Felljacke und zog mich dicht vor sein Gesicht, welches ich weiterhin nur frech angrinste. Unterdessen waren Franco und Carlo dazu gestoßen, die mich beruhigen wollten.

Nun fasste mich der Polizist wutentbrannt mit den Händen um meine Hüfte und wollte mich zu Boden ziehen. Sein »Polizisten-Judo« reichte nicht aus, mich zum Fallen zu bringen, und es sah aus, als wolle er mit mir einen Ringkampf machen... konnte mich jedoch keinen Zentimeter von der Stelle rücken. Ich lachte ihm mitten ins Gesicht und biss ihm so lange in die Nase, bis er mich vor lauter Schmerzen losließ. Dann gab ich ihm noch einen kleinen Schubs und er flog rücklings in einen Schneehaufen.

Carlos und Franco hatten belustigt zugeschaut und sich bestens über die Szene amüsiert. Doch noch bevor ich wieder ins Auto steigen konnte, fuhren zwei Polizeifahrzeuge vor die Tankstelle und ich wurde von vier Polizisten aufs Revier gebracht. Kaum waren wir dort, tauchte der Polizist mit der blutigen Nase verärgert auf, nun mit einem Schlagstock bewaffnet. Er war so wütend, dass er sich nicht mehr beherrschen konnte, und nach einer weiteren Provokation meinerseits packte er eine alte Schreibmaschine und warf sie in meine Richtung. Ich konnte mich gerade noch bücken, so dass die Schreibmaschine knapp über meinen Kopf hinwegflog und hinter mir an der Wand landete.

Er war so außer sich, dass seine Kollegen ihn auf den Boden zwingen mussten und ihn ins Nebenzimmer zerrten. Später wurde er zu einem Arzt gefahren, von dem er wahrscheinlich eine Beruhigungsspritze erhielt.

Zwei Polizisten verhörten mich und wollten ein Geständnis aus mir herausquetschen. Ich blieb jedoch stur bei meiner Story, nichts mit den Einbrüchen zu tun zu haben, und gab zu verstehen, dass ich keine Ahnung hätte, wovon sie redeten. Am nächsten Tag wurde ich von der Staatsanwaltschaft des Kreis-Bezirkes verhört, aber auch dort machte ich keine andere Aussage als die eines Unschuldigen und wurde in die Untersuchungshaft verwiesen.

In der Zwischenzeit hatte mir Carlos einen Anwalt besorgt, der mich verteidigte. Ich leugnete die Zusammenarbeit mit Werner und versicherte, dass ich ihn nur flüchtig aus der Diskothek kennen würde. Die Staatsanwaltschaft versuchte, mir Druck zu machen, indem sie behauptete, Werner hätte unsere Zusammenarbeit bestätigt und ich solle nun endlich gestehen. Ich hielt an Albrechts Worten fest, der mir versichert hatte, dass niemand von den beiden je etwas ausgeplaudert hätte. Das Einzige, was die Polizei in den Händen hatte, war mein abgelaufener Pass und die Waffe, die bei der Durchsuchung meines Zimmers gefunden worden war.

Nach wenigen Tagen mussten sie mich wegen unzureichenden Beweismaterials gehen lassen. Die Abschiedsworte des Staatsanwaltes waren: »Ich weiß genau, dass Sie etwas mit der Sache zu tun haben, Herr Portmann.«

Nach der Entlassung gab mir Carlos einen Job in seinem Restaurant. Ich arbeitete im Service und an der Bar, was mir viel Freude bereitete. Carlos war ein grandioser Koch, zudem auch Künstler und unterhaltsamer Sänger. Während der Arbeit sang er oftmals italienische Arien und begeisterte Gäste und Mitarbeiter damit.

Über ein Jahr lang blieb ich bei Carlos und genoss die Zeit mit Franco und seiner Familie und natürlich auch Roberto, welcher ein- bis zweimal wöchentlich zu Besuch kam.

KAPITEL 4

EIN VERSUCH, GEREGELT ZU LEBEN

Nach der Sommersaison bei Carlos im Restaurant gingen Franco und ich Ende Herbst wieder zurück in unseren Heimatort. Da wir sonst nicht viel zu tun hatten, widmeten wir unsere Freizeit vollkommen dem Kraft- und Ausdauersport. Ich hatte zu dem Zeitpunkt wirklich den starken Wunsch, endlich ein geregeltes und normales Leben zu führen, ohne ständig mit dem Gesetz in Konflikt zu geraten. Der Sport half mir immer wieder, disziplinierter zu sein, und trainierte mein Durchhaltevermögen.

Nach gut einem Jahr verliebte Franco sich in eine gutsituierte Frau und heiratete sie bald darauf. Noch im ersten Ehejahr wurden sie stolze Eltern einer Tochter und im Folgejahr kam noch ein Mädchen dazu. Er machte eine Ausbildung zum anerkannten Sport- und Fitnesstrainer und eröffnete bald darauf sein eigenes Sportcenter.

Mittlerweile hatte ich einen gut bezahlten Job als Lagerarbeiter und verbrachte den größten Teil meiner Freizeit damit, mich fit zu halten. Auch ich verliebte mich, und zwar in eine Reitlehrerin, die einen eigenen Pferdehof hatte. Ihre krankhafte Eifersucht ließ unsere Liebe jedoch bald zerbrechen. Um den Schmerz auszublenden, flüchtete ich mich noch intensiver in die Sportwelt und verdrängte somit alle Gefühle der gescheiterten Beziehung.

Nicht lange nach dieser Trennung lernte ich Daniela kennen, eine 18-jährige Schweizerin, die mit ihren Eltern in Deutschland lebte. Irgendwie passten wir nicht richtig zusammen, aber vielleicht war es der Wunsch, ein ganz normales Leben zu führen, der mich dazu brachte, mit ihr eine Beziehung zu beginnen. Ich machte mir oft Gedanken über das Leben und was denn »normal« sei oder was es mir bringen würde, was der Sinn dabei wäre. Liebe auf den ersten Blick war es bestimmt nicht, aber wir verstanden uns sehr gut und trafen uns ab und zu in der Stadt.

Ich lernte ihre Eltern kennen, die mich mit Daniela zusammen auf eine kurze Ferienreise nach Österreich einluden. Erst auf dieser Reise verliebten wir uns ineinander und ihre Eltern, die sehr wohlhabend waren, nahmen mich freundlich in ihrer Mitte auf. Dieses neue Leben gefiel mir ganz gut. Ich hatte eine nette Freundin, eine gutbezahlte Arbeitsstelle in der Schweiz, bei welcher ich doppelt so viel verdiente wie zuvor, und konnte mir vieles leisten, was zu diesem neuen Lebensstil gehörte. Mit meinem neuen Mercedes Sportwagen und teuren Kleidern brachte ich meinen Vater zum Staunen, mit dem ich unterdessen wieder guten Kontakt hatte.

Wenige Monate später durfte ich in das Elternhaus von Daniela einziehen. Wir führten ein ruhiges, bürgerliches Leben und ließen es uns gut gehen, genauso, wie ich es mir schon lange gewünscht hatte. Da wir für die Wohnung wenig zahlten und beide gut verdienten, entschieden wir, uns exklusive Ferien zu leisten. So buchten Daniela und ich einen Strandurlaub inklusive Safarireise nach Kenia.

In Kenia angekommen, begegnete uns ein völlig anderes Leben. Die Menschen in diesem Land waren sehr offenherzig und freundlich. Die Natur mit den weißen Sandstränden und blauen Lagunen, dem weiten Sternenhimmel und freilebenden Tieren berührte mein Herz.

Und so merkwürdig das erscheinen mag und wie weit diese Umgebung davon entfernt war, genau diese unberührte Natur weckte die Erinnerungen an meinen Freund, den Baum, mit dem ich so oft über Gott gesprochen hatte. Ich hatte Gott damals erzählt, dass ich gerne mal in einem anderen Land leben würde, obwohl ich ja noch gar nicht wissen konnte, wonach ich mich sehnte. Die scheinbar grenzenlose Freiheit der afrikanischen Wildnis weckte in mir die Abenteuerlust und ich freute mich sehr, meine Träume mit Daniela teilen zu können, die auch sehr berührt schien von den Eindrücken in Afrika. Zuhause erzählten wir begeistert von unserer Reise und ich fühlte mich, wie Kolumbus sich vielleicht gefühlt haben mochte, als er Amerika entdeckte.

Doch schneller, als mir lieb war, holte uns der Alltag wieder ein. Zurück blieben meine Erinnerungen und einige Fotos, die ab und zu wieder Sehnsucht nach fernen Ländern in mir aufkeimen ließen. Nachts träumte ich vom weißbedeckten Kilimanjaro, den wilden Tieren und blauen Lagunen.

Eines Tages redete ich mit Daniela über den Wunsch, ein Abenteuer zu wagen und in ein afrikanisches Land oder auf eine ferne Insel zu ziehen. Zu meiner Freude war sie von der Idee fasziniert und wir besprachen unsere Möglichkeiten über mehrere Wochen hinweg. Wir kauften Bücher über verschiedene Länder, lasen und studierten sie stundenlang, malten uns Bilder aus und ließen unserer Fantasie freien Lauf.

Durch einen Arbeitskollegen lernte ich einen Schweizer kennen, der in Südafrika eine Farm mit Sägemühle besaß. Als dieser wieder einmal in die Schweiz reiste, um seine Familie zu sehen, nahm ich mit ihm Kontakt auf und wir besuchten ihn.

Unsere Träume überraschten ihn nicht so sehr, denn es war ihm Jahre zuvor ähnlich ergangen. Er war während seiner Ferien durch ganz Süd- und Südwestafrika gereist und hatte gespürt, kaum, dass er wieder in der Schweiz war, dass ihm hier etwas fehlte und nicht mehr in Ruhe ließ. So hatte er den Schritt in ein neues Leben in Südafrika gewagt. Dort heiratete er eine weiße

Südafrikanerin, deren Eltern eine große Farm besaßen, die er später übernahm.

Sein Aufenthalt in der Schweiz dauerte mehrere Wochen und an manchen Wochenenden nahm er sich Zeit, sich mit uns auszutauschen. Daniela und ich hatten beschlossen, nach Südafrika auszuwandern, wollten die Sache aber noch für eine Weile geheim halten. Ich fragte den Farmbesitzer, ob er uns in der Anfangszeit aufnehmen würde, und er willigte sofort ein. Meine Begeisterung für Afrika war für ihn wohl sehr ausschlaggebend und mein Angebot, ihm auf der Farm dafür zu helfen, tat sein Übriges. Es sah alles danach aus, als würde sich der Weg nach Afrika wie von selbst für uns auftun.

Irgendwann mussten wir es dann unseren Familien erzählen und sie in unsere Pläne einweihen. Für meine Familie war unser Vorhaben kein Problem, kannten sie doch meine abenteuerlichen Träume. Danielas Familie jedoch zeigte sich geschockt, als sie von unserem Plan erfuhren. Sie konnten sich nicht vorstellen, dass ihre Tochter ins ferne Afrika ziehen wollte, ohne dort bereits eine sichere Existenz zu haben. Ihre Eltern sorgten sich über die vielen möglichen Gefahren, die beispielsweise von wilden Tieren oder unzivilisierten Menschen ausgehen konnten, und darüber, dass wir uns nicht selbst versorgen könnten.

Da ich in ihren Augen derjenige war, der ihrer Tochter solche Flausen in den Kopf gesetzt hatte und somit Schuld an allem hatte, erschien ich ihnen nicht mehr als der ersehnte zukünftige Schwiegersohn und unser Zusammenleben wurde sehr spannungsgeladen.

Daniela war einige Zeit noch hin- und hergerissen zwischen ihren Träumen, mit mir in Afrika zu leben, und den Argumenten ihrer Eltern gegen eine solche Auswanderung und entschied sich schlussendlich, ihren Traum zu begraben und das vertraute Leben in Deutschland weiterzuführen.

Äußerlich gab ich mich geschlagen und verfolgte meine Auswanderungspläne nicht mehr weiter, innerlich lebte der Traum jedoch noch immer und brannte in mir wie ein Feuer.

Unsere gegenseitigen Gefühle starben nach und nach und schließlich trennten wir uns. Zurück blieben einmal mehr Schmerz und das Gefühl der Leere. Ich zog zurück ins Haus meines Vaters und versuchte, den Schmerz zu verdrängen. Anfangs traf ich mich noch ab und zu mit Daniela und wir beredeten unsere Situation und mögliche Auswege, aber der Schmerz wurde für beide dadurch nur noch größer und so ging am Ende jeder seinen eigenen Weg.

Nachts fuhr ich oft stundenlang mit meinem Mercedes durch die Gegend. Manchmal hielt ich auch wieder bei den alten Clubs an. Dort traf ich Bekannte, die immer noch dieselben Sprüche machten, und verändert hatte sich auch sonst nicht viel, was mir langweilig und unattraktiv schien. Während ich stundenlang mit dem Auto durch die Gegend fuhr, fragte ich mich oft nach dem Sinn des Lebens.

Seit meiner Kindheit hatte ich Hunger nach Gerechtigkeit, suchte sie in der Familie und als ich sie dort nicht fand, suchte ich Erfüllung in Partys und Besitz.

Das Einzige, was mir jetzt noch Spaß machte, war Sport, obwohl meine Motivation dazu rapide abgenommen hatte. Ich wollte raus aus meinem alten Leben und hoffte ganz fest darauf, dass sich eine Tür öffnen würde.

Es vergingen ein paar Monate und der Trennungsschmerz legte sich allmählich etwas, der Wunsch nach Abenteuer und einer neuen Herausforderung brannte jedoch weiter in mir.

Durch einen Freund lernte ich zwei Männer kennen, die eine sechsmonatige Asienreise planten. Gregor und Michael, beide zwei tolle Typen, die eine sehr ehrliche und freundliche Art hatten. Beide konnten für einen längeren Zeitraum unbezahlten Urlaub bekommen.

Sie waren für einen dritten Mann im Boot wie mich offen und erzählten mir grob von ihren Reisezielen. Sie planten, nach Bangkok zu fliegen und einige Wochen durch Thailand zu reisen, danach weiter nach Malaysia, Indonesien und auf die Philippinen und zu guter Letzt noch drei Tage lang Hongkong unsicher zu machen.

Ich dachte gut über die ganze Sache nach. Kolumbus wollte doch ursprünglich auch nach Indien reisen und war dann in Amerika gelandet. Mit einem Umweg nach Asien ließ ich mir die Möglichkeit offen, nach der Asienreise eventuell doch noch nach Afrika zu gehen.

Also verkaufte ich meine – mir mittlerweile langweilig gewordene – Mercedeskutsche, kündigte meinen gutbezahlten Job und ließ alles los, was mich zu Hause gehalten hatte. Ich fühlte mich wieder glücklich und frei und sah in der Ferne etwas Neues, das auf mich wartete.

KAPITEL 5

REISE NACH THAILAND

E s war der 20. Dezember 1987, als die Maschine der Thai-Airways über der grau eingenebelten Landebahn in Frankfurt abhob. Ich saß voller Spannung im Flugzeug und war überzeugt, dass auf der anderen Seite des Kontinents große Überraschungen auf mich warteten. Als kleiner Junge hatte ich oft den Wunsch, dass ich eines Tages Glück haben und sich in irgendeiner Form ein großer Schatz für mich öffnen würde. Jetzt fühlte es sich an, als würde ein eben solcher Schatz dort auf mich warten.

Sobald wir die konstante Flughöhe erreicht hatten, feierten wir unsere Reise mit einer Flasche Champagner und erzählten uns gegenseitig Geschichten aus unserem bisherigen Leben.

Gregor war schon oft in Thailand gewesen und kannte angeblich jeden Winkel des Landes. Sein Bruder Andreas lebte auf der Insel Phuket. So, wie Gregor uns ihn schilderte, schien dieser ein richtiger Aussteigertyp zu sein, der ab und zu mal als Mönch im Tempel lebte oder Luftmatratzen am Strand an Touristen vermietete. Diesen Typen musste ich unbedingt kennenlernen.

In Bangkok angekommen, fuhren wir gleich mit dem Taxi ins Hotel Malaysia. Das ist ein altes Hotel, in dem amerikanische Soldaten während des Vietkong-Krieges stationiert gewesen waren. Nicht unweit des Hotels befand sich der bekannte Lumphini-

Park, ein großer Park mitten im Zentrum Bangkoks, und das Lumphini Box Stadion an der Rama Road. Gegenüber dem Hotel befand sich die Insider-Bar »Blue Fox«, in der sich am Abend noch ein Rest übriggebliebener Vietkongsoldaten und Weltenbummler trafen sowie einige wenige Thailänder, die aber auch etwas kurios wirkten.

In den ersten Tagen durchkämmten wir die Millionenmetropole zu Fuß oder auf einem Tuck-Tuck (Dreirad-Taxi). In den Straßen und aus den Hinterhöfen wehte uns immer der Geruch von leckerem exotischen Essen entgegen. Es gab kaum eine Ecke, in der nicht gekocht oder irgendetwas Essbares verkauft wurde. Die Menschen machten einen fröhlichen Eindruck und waren sehr freundlich.

Es fühlte sich an, als würden die Engel der Stadt auf mich aufpassen und mich auf Händen tragen. Ich entdeckte eine neue und wunderbare Welt. Die Samen, die in Afrika erstmals zu keimen begonnen hatten und danach lange im Trockenen gelegen hatten, fingen jetzt in mir an zu sprießen. Ich war knappe 25 Jahre alt und hatte das Gefühl, zum richtigen Zeitpunkt am richtigen Ort der Welt zu sein. Endlich fühlte ich mich mit mir und der Welt zufrieden.

Vier Tage nach unserer Ankunft in Bangkok flogen wir weiter auf die Halbinsel Phuket. Vom Flugzeug aus sah man wunderschöne, menschenleere Strände und viele kleinere Inseln. Auf der Fahrt vom Flughafen Phuket zum Strand nahm ich so viele Eindrücke wie möglich in mich auf. Links und rechts entlang der Hauptstraße waren Reisfelder angelegt, auf denen Wasserbüffel weideten.

Die Insel war übersät von Kautschukbäumen, Palmen und dichtem Urwald. Unser Aufenthalt auf Phuket hatte erst begonnen und ich hatte jetzt schon das Gefühl, dass die vier eingeplanten Wochen zu kurz werden würden, um alles zu erleben und zu sehen, was die Insel zu bieten hatte.

Zu diesem Zeitpunkt gab es weder den heutigen Massentourismus noch viel Verkehr. An der Karon Beach mieteten wir für jeden von uns einen Bambus-Bungalow. Die Aussicht an dieser Stelle war grandios, direkt vor der Hütte lag ein weißer und langer Sandstrand mit unzähligen Palmen.

Das Bungalow-Resort hieß »Happy Hut« und genauso fühlte es sich auch an. Ich genoss das Rauschen des Meeres und den Wind, der vom Meer her die salzige Brise auf den Hügel wehte. In dem hinter uns liegenden Urwald erklang am frühen Abend jeweils ein gewaltiges Konzert: Affen, Vögel und allerlei Urwaldtiere musizierten wie in einem Orchester.

Das morgendliche Aufwachen war eine Freude. Die Sonnenstrahlen drangen durch die Ritzen des Bambusgehölzes und verdrängten die milde Kühle der Nacht. Vor meinem kleinen Bungalow war eine Terrasse, von der aus ich die wunderbaren Sonnenaufgänge bewundern konnte.

Ich brauchte keine Armbanduhr mehr und mein teures Aftershave verstaute ich ganz unten in meiner Reisetasche. Unterhalb unseres Resorts war ein kleines Restaurant auf Stelzen im Wasser gebaut, von wo wir abends oft die Aussicht aufs Meer genossen. Wenn meine Freunde noch schliefen, lernte ich während des Frühstücks ein paar Rucksacktouristen kennen. Die beiden Schwestern, Kung und Moi, waren die Besitzerinnen der Anlage und hielten immer wieder mal ein Schwätzchen mit mir.

Nach zwei Tagen gemütlichen Strandlebens wollten wir die Insel erkunden. Dazu mieteten wir uns robuste Touren-Motorräder und fuhren von einem Strand zum nächsten, erfrischten uns zwischendurch im Meer, legten uns unter eine Palme, um danach den Entdeckergeist wieder wirken zu lassen.

Die Insel war paradiesisch schön und übertraf sogar meine kühnsten Träume. Meine beiden Kollegen waren ebenso begeistert und wir genossen alles in vollen Zügen. Auch die thailändischen Spezialitäten, wie gebratene Nudeln und Suppen, die man fast an jeder Straßenecke serviert bekam, schmeckten uns von Anfang an.

Nach einigen Tagen machten wir uns auf die Suche nach Gregors Bruder Andreas, der seit Jahren ein Hippieleben auf der Insel führte. Doch die verlief leider erfolglos. Da er keinen festen Wohnsitz hatte, wussten wir nicht, wo wir suchen sollten, und klapperten einen Ort nach dem anderen ab, von dem wir dachten, dass er dort sein könnte. Aber weder fanden wir eine Spur von ihm noch konnte uns jemand Auskunft geben.

Abends gingen wir nach dem Essen an eine Strandbar und blieben dort bis in die Morgenstunden hinein. Eigentlich wollte ich in der Frühe aufstehen und meine Fitnessübungen am Strand machen, doch mein Schlafrhythmus hatte sich dem meiner Kollegen angepasst und verlagerte sich immer mehr gegen den Mittag. Dadurch wurde ich träge und unzufrieden und mir fehlten die Abwechslung und das Entdecken der neuen Umgebung. So beschloss ich, mich ab und zu alleine auf den Weg zu machen, was für meine Freunde kein Problem war. Ich ging früher zu Bett, um am Morgen früh aufzustehen und mein Sportprogramm am Strand zu machen. Der Strand war um diese Zeit meist menschenleer und gerne beobachtete ich die Fischer bei ihrer Arbeit.

Oft saß ich am Strand und dachte über meine zerbrochene Beziehung zu Daniela nach, verdrängte diese Gedanken dann aber wieder und malte mir aus, was ich noch alles auf dieser Insel erleben könnte.

Nach dem Frühsport ging ich zurück in meinen Bungalow, duschte und wartete danach, bis das Restaurant öffnete, in dem ich meistens der erste Gast war. Mir kam es vor, als gewänne ich durch frühes Aufstehen gleich einen Tag dazu. An solchen Morgen fand ich aber auch Austausch mit anderen Reisenden, was ich sehr spannend fand, und lernte neue Leute kennen.

Unter anderem lernte ich das Ehepaar Marco und Denise aus Venedig kennen, beide in meinem Alter. Und da war noch

Wolfgang aus Wien, ein junger Zahnarzt, der sich als ein wahrer Abenteurer entpuppte.

Denise und Marco waren Langzeiturlauber auf Phuket, welche seit einigen Jahren jeweils vor dem europäischen Winter flüchteten und gleich das halbe Jahr hier verbrachten. Sie hatten ein großes Pfahlbauhaus im »Happy Hut«, welches sie selber entworfen hatten.

Der junge Zahnarzt Wolfgang hatte schon einige Reiseerfahrungen hinter sich und erzählte mir von seiner letzten Wüstentour, welche ihn von Wien aus quer durch die Sahara bis nach Zentralafrika geführt hatte. Er war Abenteurer und gleichzeitig ein gebildeter Gentleman, der mit seinen Geschichten nicht prahlen musste.

Durch das frühe Aufstehen hatte ich nun Zeit, mich mit meinen neuen Freunden auszutauschen und danach mit Gregor und Michael auf Entdeckungsreise zu gehen. Mischen konnte man die beiden Gruppen jedoch nicht, da sie zu wenige Gemeinsamkeiten hatten. Vor Wolfgangs Rückreise nach Wien unternahm ich mit meinen neuen Freunden eine Motorrad-Tour auf das Festland.

Unsere Fahrt startete in Phuket und führte dann über eine lange Brücke in südöstliche Richtung. Der Straßenbelag auf der Route bestand aus einer roten Sandpiste, die ohne Brille unmöglich zu befahren gewesen wäre, da der Sand von unseren Motorrädern stark aufgewirbelt wurde. Die abenteuerliche Reise führte uns an Mangrovensümpfen vorbei und an bis zum Himmel ragende Berge, die wie riesige Keulen wirkten. Weiter fuhren wir durch die Provinz Changwat und an den Stränden der Andamanensee vorbei.

Am Zielort angekommen, übernachteten wir am Strand in einem »Jungle Bungalow«. Es gab keinen Strom und die Kerzen mussten uns zur Beleuchtung reichen, was für eine gemütliche Atmosphäre sorgte. Zum Abendessen gab es einfachen, aber leckeren Fisch und so verbrachten wir einen entspannten

Abend auf dem Boden dieser urigen Hütte mitten in der Natur; tauschten uns über unser Leben aus und entdeckten ganz viele gemeinsame Interessen.

Am nächsten Morgen charterten wir ein Longtail-Boot und tuckerten damit auf die vor uns liegenden Inseln hinaus. Das Wasser war kristallklar und man konnte bis auf den Meeresgrund sehen.

Es wuchs sehr schnell eine innige Freundschaft und ich fand schade, dass Wolfgang in vier Tagen wieder zurück nach Wien fliegen würde. Der Abschied von ihm fiel mir nicht leicht, denn ich hatte mich an seine Freundlichkeit und die angenehme Begleitung gewöhnt.

Zurück auf Phuket traf ich wieder meine Reisekollegen Gregor und Michael und erzählte ihnen begeistert von meiner Tour. Während wir uns gegenseitig auf den neuesten Stand brachten, merkte ich, dass sich ihr Tagesablauf nicht verändert hatte: Beide schliefen lange in den Tag hinein und machten am Abend ihre gewohnten Ausflüge an die Strandbars, wo sie bei ihren Drinks bis in die frühen Morgenstunden blieben. Gregor las immer ab 14 Uhr am Strand sein Buch von Konsalik und freute sich auf den Abend, an dem er dasselbe machen würde wie an allen Abenden zuvor.

Es war offensichtlich, dass Gregor und ich verschiedene Interessen verfolgten, und Michael musste dringend nach Deutschland zurück. Seine Firma war in einem personellen Engpass und brauchte seine Unterstützung bei einem Bauprojekt in Südrussland.

Nach der vierten Woche auf Phuket verabschiedete ich mich von meinen Freunden Marco und Denise. Am letzten Abend aßen wir gemeinsam in ihrem Haus und beschlossen, dass dies nicht ein Abschied für immer sein sollte. Wir überlegten, uns eventuell in Italien oder bei Wolfgang in Wien wieder einmal zu treffen.

Am nächsten Morgen fuhren Gregor und ich mit einem Bus nach Surat Thani an die Ostküste, welche im Süden Thailands liegt. Von dort aus fuhren wir mit der Fähre auf die Insel Koh Samui hinüber.

Koh Samui ist eine 233 Quadratkilometer kleine Insel, die von Ex-Hippies und Marihuana rauchenden Weltenbummlern besiedelt war. An den Stränden gab es einfache und billige Unterkünfte sowie kleine Restaurants und eine Vielzahl von Beachbars.

Wir mieteten eine Tourenmaschine und fuhren an den Chaweng Strand, wo wir beide einen eigenen Bungalow, direkt am Strand, unter Schatten spendenden Palmen bezogen. Der Ausblick war paradiesisch und es fühlte sich an, als wäre die Zeit stehen geblieben. Die Bungalows waren dieselben wie überall: einfache und auf Stelzen gebaute Bambushütten.

An den Stränden lagen etliche Aussteiger und Weltenbummler herum und wir befanden uns mittendrin. Die ersten paar Tage schliefen wir wie Murmeltiere im Winterschlaf, so müde waren wir. Nach dem Aufwachen verbrachten wir zwei bis drei Stunden beim Frühstück und schliefen danach wieder am Strand weiter. Zur Abwechslung sprangen wir ab und zu ins Meer und erfrischten uns. Ich schaute oft stundenlang den Wellen im Meer zu und lauschte auf das Rauschen des Windes.

So ruhig und entspannt es tagsüber war, so aktiv waren die Abende. Bei unseren allabendlichen Bartouren lernten wir viele Leute kennen. Der Geruch von Marihuana war unser ständiger Begleiter, Musik erklang von allen Seiten nach Mitternacht und getanzt wurde oft berauscht am Strand bis in die Morgenstunden hinein.

Ab und zu machten Polizisten mit Pick-Ups am Strand Kontrollfahrten. Eigentlich war das Konsumieren von Marihuana illegal und die Strafen dafür waren sehr hart. Die Polizei schien jedoch selbst daraus Profit zu schlagen, denn ich konnte sehen, wie sie kontrollierten, dass kein Fremder oder Ausländer die

Ware an Touristen verkaufte. In der Umgebung hieß es, dass der Polizeichef der Insel sehr einflussreich und wohlhabend sei.

Nach einer Woche hatte ich das viele Herumliegen und Nichtstun reichlich satt. Ich wollte endlich die Berge erklimmen und den Urwald erkunden, den ich immer vom Strand aus sah. Mein Reisekollege konnte diesen Entdeckerdrang nicht mit mir teilen, darum beschloss ich wieder einmal, ohne Gregor loszuziehen. Ein deutscher Geschäftsmann, der auf der Insel eine vierwöchige Pause einlegte, schloss sich mir spontan an und auf gemeinsamen Touren rund um die Insel erkundeten wir einige wundervolle Wasserfälle, die weit oben im Urwaldgebiet lagen.

Der Geschäftsmann war ein Kämpfertyp und wir liebten es, uns gegenseitig herauszufordern, indem wir immer höher in die Bergregion stiegen; und zwar ohne Hilfsmittel wie Karten oder Wegweiser. Eines Nachmittags gingen wir einen kleinen und engen Urwaldpfad entlang und sahen zwei Esel, die an einem Baum festgebunden waren. So abenteuerlustig, wie wir waren, beschlossen wir, auf ihnen weiterzureiten, ohne uns nach dem Besitzer umzusehen.

Nach gut zwei Stunden Eselsritt wurde es langsam dunkel und wir entschieden uns, umzukehren. Doch schon nach wenigen Weggabelungen wussten wir nicht mehr, welcher Weg der richtige war, und ich hatte die glorreiche Idee, doch den Eseln den Rückweg zu überlassen. Diese kannten den Weg und den Urwald viel besser und würden bestimmt den Weg zurück finden. Und tatsächlich, es dauerte nicht lange und sie fanden genau den Platz wieder, wo wir sie losgebunden hatten. Nur hatten wir die Rechnung ohne die Eselbesitzer gemacht! Kaum angelangt, stürzten zwei bewaffnete Typen aus der Dunkelheit auf uns zu. Wir konnten nichts anderes tun, als regungslos auf den Eseln sitzen zu bleiben.

Doch genau in dem Moment, als ich dachte, nun hätte mein letztes Stündlein geschlagen, lachte einer der Männer schallend auf und kam mit einer Flasche Reisschnaps auf uns zu. Wir hat-

ten Glück, denn die zwei meinten es gut mit uns. Die zwei Männer waren Jäger und luden uns ein, mit ihnen Reisschnaps zu
trinken und den Abend zu verbringen. Lachend und schwatzend
blieben wir bis spät in die Nacht bei ihnen und rauchten Marihuana, direkt aus einem Bambusrohr.

Die Jäger waren sehr gesellige Typen und wir hatten eine
Menge Spaß, zumindest bis ich rosarote Elefanten im Urwald
herumwandern sah und ich mit Rauchen und Schnapstrinken
aufhören musste. Natürlich erwachten wir am nächsten Morgen
mit einem mächtigen Kater, den wir im kühlen Nass eines nahen
Wasserfalls wieder zum Abklingen brachten.

In den darauffolgenden zwei Wochen unternahmen wir noch
einige Touren auf der Insel. Danach musste mein Reisegefährte
wieder nach Deutschland zurück und zu meinem Bedauern sah
ich ihn nie wieder. Gregor und ich kamen zwar gut miteinander
aus, beendeten hier aber unsere gemeinsame Reise, da wir zu
unterschiedliche Interessen hatten. Seine Reise ging weiter nach
Malaysia, Indonesien und auf die Philippinen, ich wollte mehr als
nur die genau geplanten Reiseziele erreichen. Ich spürte, dass ich
einen anderen Weg einschlagen musste, ohne wirklich zu wissen,
wohin diese Reise gehen würde.

Ich entschied mich, ein großes Motorrad zu mieten und damit
den südlichen Teil Thailands zu bereisen. Es wurde eine wunderschöne Reise, auf welcher ich Menschen und unberührte Natur
erleben durfte. Intuitiv fuhr ich nicht auf breiten Hauptstraßen,
sondern entschied mich für die längeren Landstraßen, die sich
durch Natur und kleine Dörfer schlängelten. Auf diesen Neben-
straßen wurde ich immer wieder von Einheimischen zum Essen
und Übernachten eingeladen. Die meisten Menschen waren
Bauern oder Fischer und ernährten sich von dem, was die Natur
hergab. Manchmal hielt ich bei einem der vielen außerorts liegenden Tempel an und betete dort ein paar Worte vor irgendeiner Statue, die gerade vor mir stand. Ob diese Figuren mich wohl
hören würden?

Ich verbrachte wunderschöne Tage in einem kleinen Dorf am Flussufer und unternahm Touren in den hochgelegenen Regenwald. Ich fühlte mich unendlich frei und genoss das Abenteuer, die Menschen und die Natur. Nach kurzer Zeit bildete sich eine Schar von Kindern und Jugendlichen um mich, mit denen ich dann im Fluss badete und spielte.

Weiter ging die Reise in eine alte chinesische Handelsstadt namens Takua Pa, die etwa 60 Kilometer nördlich der Insel Phuket liegt. Ich fuhr die Südwestküste der Andamanensee entlang und stoppte am Khao-Lak-Strand. Ich genoss den Ausblick auf die Andamanensee und vergnügte mich damit, Wasserbüffel zu beobachten.

Irgendetwas zog mich aber wieder zurück auf die Insel Phuket und ich beschloss, wieder dorthin zu fahren. Am frühen Abend desselben Tages kam ich am »Happy-Hut«-Resort an und die beiden Besitzerinnen sowie ein paar Leute, die ich noch kannte, freuten sich sehr, mich wieder zu sehen. Ich ließ mein Motorrad samt Gepäck beim Restaurant zurück und ging zu Fuß den Hügel hinauf zum Bambushaus von Marco und Denise. Dort angekommen, klopfte ich leise an die Türe und rief: »Hallo!«

Ich trat ein paar Schritte zurück und blickte nach oben, um gleich in zwei strahlende Gesichter zu blicken, die mich freudig begrüßten. Um unser Wiedersehen zu feiern, ließen wir uns leckeres Essen bringen, feierten die ganze Nacht durch und erzählten uns von unseren Erlebnissen der vergangenen Wochen.

Am nächsten Morgen bezog ich wieder meine alte Bambushütte und verbrachte den Tag am Strand. Ich dachte über meine Weiterreise nach und überlegte, ob ich über Indonesien auf die Philippinen reisen sollte, um mich dort wieder mit Gregor zu treffen. Viele Möglichkeiten gingen mir durch den Kopf, aber nach reiflichem Überlegen musste ich mir eingestehen, dass ich mir nichts Schöneres vorstellen konnte, als auf der Insel Phuket zu bleiben.

Ich schaute auf das lange Ufer der Karon Beach, blickte hinauf in die Hügelregion, wo der Regenwald und Dschungel grünte. Vor mir leuchtete der endlos scheinende Horizont auf das Meer. An diesem Nachmittag beschloss ich, die nächsten drei Monate hier auf der Insel zu bleiben.

Das einfache Leben im »Happy-Hut«-Resort wurde für die nächsten drei Monate meine Heimat. Marco und Denise reisten zwar bald wieder zurück nach Venedig, wo beide eine gut bezahlte Stelle für die Saison in der Tourismusbranche hatten. Doch das tat meiner Freude, auf Phuket zu sein, keinen Abbruch.

Ich wechselte das große Motorrad gegen ein kleines und erkundete jeden Winkel der Insel. Es gab praktisch keine Pfade oder Küsten, die ich nicht kannte. Etwa zwei Drittel der Insel Phuket war gebirgig und mit dichtem Regenwald bewachsen. Das Durchwandern der Urwaldregion war für mich neben dem Baden am Strand eine spannende Abwechslung.

Nach gut einem Monat kannte ich die Insel und einen großen Teil des Festlandes wie meine Westentasche und so war die Zeit gekommen, dass ich andere Leute aus der Umgebung kennen lernen wollte.

Nicht unweit des Resorts hatte ein Deutscher eine kleine Kneipe. Ich machte es mir zur Gewohnheit, täglich bei ihm vorbeizuschauen. Der Besitzer hieß Horst, war ein ehemaliger Hippie und ein guter Geschichtenerzähler, der viel herumgekommen war und dementsprechend viel zu berichten wusste.

Als wir einmal ein Glas zu viel geleert hatten, erzählte er mir seine Geschichte: Als Haschischschmuggler zwischen Marokko und Deutschland hatte er gutes Geld verdient und konnte sich nach ein paar Jahren in Goa niederlassen und danach im Gebirge von Kathmandu. Seine Mutter hatte ihm nach ihrem Tod ihr ganzes Vermögen hinterlassen und so konnte er nun sorgenfrei in Thailand leben.

Seine Kundschaft bestand aus einer bunten Schar von Abenteurern und gestrandeten Weltenbummlern, ehemaligen Drogenhändlern und Lebenskünstlern, die es irgendwie geschafft hatten, hier zu leben. Da war zum Beispiel der Österreicher Franzl, ein Alkoholiker und Drogensüchtiger, der eine Beach-Bar besaß. Der Holländer Jacky, der in Holland zwei große Coffee Shops betrieb und damit Millionen machte. Jacky besaß die größte Villa an der Karon Beach, spazierte aber herum, als hätte er keinen Dollar in der Tasche.

Dann war da noch Enrico, ein Exzentriker, der in früheren Zeiten pures Opium nach Paris geschmuggelt hatte und jetzt hier von den Zinsen leben konnte. Eine weitere Person war der zwei Meter große Fabio, ein Italiener, der in Brasilien auf die Welt gekommen war und seit fast zwanzig Jahren an der Karon Beach lebte. Er sprach ein schöneres Thailändisch als die Phuket-Insulaner. In erster Linie war Horst meine Kontaktperson und von ihm bekam ich auch viele nützliche Informationen über die auf Phuket lebenden Ausländer.

Um mich wieder fitter zu halten, meldete ich mich im Fitness-Club eines Fünf-Sterne-Hotels an. Vier bis fünf Mal in der Woche trainierte ich dort, schwamm täglich meine Runden im Meer und bewegte mich plötzlich in zwei sehr verschiedenen Welten: Frühstück in meiner einfachen Hütte am Strand und Training am Nachmittag im Fünf-Sterne-Palast.

Abends verbrachte ich die meiste Zeit an der berühmten Patong-Beach, welche zu diesem Zeitpunkt über nicht mehr als zwei Barstraßen und eine große Diskothek verfügte.

Heute stehen in diesem ehemaligen Fischerdorf mehrere Hochhäuser, Hotels und hunderte von Bars und Diskotheken. An der Patong Beach gab es viele Europäer und Amerikaner und fast jeder von ihnen verfolgte denselben Traum: reich zu werden. Ich fühlte mich wie in einer Goldgräberstadt voller geldgieriger Sucher und bei manchen sah man förmlich die Dollarzeichen in den Augen blitzen.

Eines Abends lernte ich Ricky kennen, einen Österreicher, der die größte Bar am Strand besaß und damit eine Menge Geld ver-

diente. Wir freundeten uns an und er führte mich in das Nachtleben Patongs ein. Er hatte eine eigene Firma gegründet und war
so nicht, wie die meisten übrigen Ausländer, vertraglich an einen
thailändischen Partner gebunden. An manchen Nachmittagen
unternahmen wir kleine Ausflüge auf der Insel und an den Vor-
mittagen besuchte ich oft Horst und seine bunte Schar in seiner
Kneipe. An anderen Nachmittagen machte ich mein Fitnesspro-
gramm und in der Nacht hing ich bei Ricky an der Bar herum.

Eines Tages ging ich wie gewohnt in den Fitness-Club des
Fünf-Sterne-Hotels. Während des Trainings begrüßte mich eine
junge, hübsche Thailänderin und stellte sich als die Managerin
des Clubs vor. Sie war durchtrainiert und strahlte mit ihrem
Lächeln wie die Sonne. Während sie Aerobic-Unterricht gab,
schaute ich ihr beim Tanzen zu. Eine unglaublich kraftvolle Ausstrahlung lag in jeder ihrer Bewegungen und ich bewunderte sie
sehr.

Als ich am Abend wie gewohnt zu Ricky an die Bar ging, lernte
ich zwei deutsche Aussteiger in meinem Alter kennen, welche
seit zwei Jahren an der Patong Beach lebten. Mike war Tauchleh-
rer und verkaufte nebenbei gefälschte Uhren an Touristen weiter.
Thomy hatte in den vergangenen Tagen seine Strandbar an einen
Österreicher verkauft und vertiefte gerade seine Kontakte, um im
Drogengeschäft erfolgreicher zu werden.

Seit ich die schöne Thailänderin kennen gelernt hatte, trieb
mich diese zusätzliche Motivation häufiger in den Club, um nach
ihr Ausschau zu halten und zu versuchen, mit ihr in Kontakt
zu kommen. Abends saß ich wie gewohnt bei Ricky an der Bar
und erzählte ihm von Noppy, der Fitnesstrainerin. Er machte
mir unmissverständlich klar, dass Noppy mit keinem Ausländer
ausgehen würde, denn er selbst hätte es schon oft versucht und
er kannte noch genug andere, die ihr Glück versucht hatten und
gescheitert waren.

Am nächsten Tag beobachtete ich, dass sie mir unauffällig
beim Training zuschaute und mir häufig nachblickte. Wenn ich

sie direkt ansah und lächelte, lächelte sie etwas verlegen zurück. Ein solches Verhalten legte man doch nicht an den Tag, wenn man jemandem eine Abfuhr erteilen wollte? So nahm ich meinen Mut zusammen und besuchte sie nach dem Training an der Rezeption, um sie zu fragen, ob sie mit mir ausgehen würde. Alleine wollte sie nicht mit mir kommen, aber in Begleitung ihrer Schwester oder Schwägerin wäre dies kein Problem, erwiderte sie. Ich willigte sofort in das Angebot ein und wir verabredeten uns auf den nächsten Abend vor dem Hoteleingang. Am nächsten Abend traf ich Noppy mit ihrer Schwägerin – wie abgemacht – vor dem Hotel an. Gemeinsam fuhren wir in die Stadt Phuket und aßen Meeresfrüchte am Strand. Es war eine herrliche Kulisse und wir unterhielten uns über unsere Herkunft und Familien.

Noppy kam aus gutem Hause und ihr Vater besaß eine große Autowerkstatt. Sie hatte in Bangkok Sport studiert und einige Sportauszeichnungen im Ausland erworben. Nachdem wir einige Verabredungen unter Aufsicht durchgezogen hatten – und ich offensichtlich den Vertrauenstest bestanden hatte –, gingen wir eines Abends dann doch alleine aus und trafen uns ganz in der Nähe ihres Wohnortes. Wir saßen in einem gemütlichen Strandlokal und sie erzählte mir, dass ihr Onkel aus Bangkok eine Insel mit Hotel und einer Golfanlage besitzen würde und sie eventuell bei ihm in das Geschäft einsteigen wolle. Ich konnte mich schon in weißem Anzug sehen, wie ich an der Rezeption des Hotels arbeiten würde.

Ich erzählte ihr ebenfalls ein bisschen aus meinem Leben, von meinem Job und meiner Familie und dass ich als Jugendlicher lange Zeit viel Blödsinn gemacht hatte. Natürlich sprachen wir auch viel über Sport und das Leben im Allgemeinen und so kamen wir uns immer näher. Noch in derselben Nacht erklärte sie mir ganz offen, dass ich mich besser aus dem Staub machen sollte, falls ich nur im Sinn hätte, sie für eine Nacht ins Bett zu bekommen und dann wieder zu verschwinden.

In ihrer Familie wurden solche Beziehungen überhaupt nicht geduldet und sie selber wollte dies auch nicht. Ich hatte noch nie zuvor eine Frau mit einer solchen Haltung getroffen, was sie für mich nur noch viel attraktiver machte. Eines Abends öffnete sie ihr Herz für mich und sagte mir, dass sie sich über eine tiefe Freundschaft mit mir sehr freuen würde. Ich erklärte ihr, dass ich bald wieder nach Deutschland reisen würde und nicht wüsste, wann und ob ich wieder zurückkommen würde. Ihr machte das nichts aus; sie wollte einfach den Kontakt zu mir behalten, egal was passieren würde.

Mein Freund Ricky sagte mir immer wieder, dass ich mit Noppy einen »Sechser im Lotto« gezogen hätte. Nur wenige Ausländer hätten das Glück, eine gut situierte Thailänderin als Frau oder Freundin zu haben. Die restliche Zeit verging rasch und ich nahm Abschied von allen Bekannten an der Karon Beach und ebenso von Ricky und meinen beiden Freunden Mike und Thomy. Der Abschied von Noppy, ihrer Familie und der Insel Phuket fiel mir nicht leicht; im Gegenteil.

Ich hatte mein Herz an Insel und Menschen verloren und stand kurz vor meiner Abreise. Die Insel war mein Zuhause geworden und ich fühlte mich hier so geborgen wie nirgendwo sonst. Mein Kindheitstraum hatte sich endlich erfüllt und doch musste ich das alles wieder verlassen. Die letzten Tage auf der Insel Phuket waren die schwersten. Noppy versprach mir, auf jeden Fall auf mich zu warten und hoffte auf meine baldige Rückkehr, um bei ihrem Onkel einen Job anzunehmen. Zumindest gaben mir diese Worte etwas Trost. Der Abschied von Noppy und ihrer Familie verlief tränenreich und als die Maschine der Thai Airways über der Landebahn abhob, blickte ich nach unten und verfolgte mit den Augen jede Straße, auf der ich mit dem Motorrad entlanggefahren war. Ich sah die vielen Inseln und den langen Strand vor Takua Pa und wusste tief in meinem Herzen, dass ich zurückkommen würde.

KAPITEL 6

DIE AUTO-MAFIA

Als die Maschine am nächsten Morgen in Frankfurt landete, spürte ich ein lähmendes und dumpfes Gefühl im Magen. Ich hatte das Gefühl, auf einem fremden Planeten gelandet zu sein, auf dem die Menschen kaum ein Lächeln auf dem Gesicht hatten. Ich realisierte zum ersten Mal in meinem Leben, dass die Deutschen auf andere sehr hektisch und gestresst wirken. Ich fühlte mich in meinem eigenen Land wie ein Fremder, der irgendwie nicht mehr dazu passte.

Während der Zugfahrt nach Hause kamen alte Erinnerungen hoch: Die Trennung von Daniela, an die ich, ohne zu merken, lange nicht mehr gedacht hatte, und die alten Geschichten mit meiner Familie und meinem Vater holten mich auf einmal wieder ein. Gedanklich versuchte ich die negativen Gefühle mit den Bildern aus Thailand zu ersetzen.

Die ersten Tage zuhause waren wie ein Albtraum, ich fühlte mich leer und schlapp. Begeistert erzählte ich meiner Familie und meinen Freunden alles, was ich erlebt hatte, aber nach wenigen Tagen wurden sie meiner Geschichten überdrüssig und wollten nichts mehr davon hören. Meine Emotionen und Erlebnisse fanden nur Raum in mir selbst und mir fehlte ein Gegenüber zum Austauschen.

Um mich aufzuheitern, telefonierte ich oft mit meinen Freunden Marco und Denise in Venedig und mit Wolfgang aus Wien. Sie kannten dieses »Fremdsein-Syndrom« bestens und fanden es selbst immer wieder sehr frustrierend, dass die ersten Wochen in der Heimat nicht immer die schönsten waren.

Ich beschloss, für ein paar Tage nach Venedig zu reisen. Dort angekommen, genoss ich die unbelastete Umgebung und den Austausch mit meinen Freunden.

Jeden Sonntagnachmittag pünktlich um 14 Uhr rief ich Noppy an. Wir unterhielten uns oft über ganz normale Dinge des Lebens, ohne uns Hoffnungen zu machen, ob und wann wir uns wiedersehen würden. Es war in erster Linie eine tiefe Freundschaft, ohne Verpflichtungen oder eine verbindliche Übereinkunft. Intuitiv spürte ich, dass sich ein neuer Lebensabschnitt anbahnte. Ich wusste nicht genau, was kommen würde, und war nicht ungeduldig. Ich wartete einfach ab und ließ den Zeitpunkt auf mich zukommen.

Nach wenigen Wochen suchte mich Carlos auf und machte mir ein gutes Angebot. Er hatte ein weiteres kleines Restaurant gemietet und suchte jemanden, dem er es anvertrauen konnte. Ich überlegte nicht lange und nahm das Angebot an. In Zusammenarbeit mit einem afrikanischen Koch und einer Aushilfe übernahm ich das kleine Restaurant, welches an eine Reithalle angeschlossen war.

Die selbstständige Arbeit im Restaurant und der Kontakt zu den Menschen gefielen mir sehr und ich hatte Freude an meiner Tätigkeit. Ich fühlte mich wirklich sehr wohl und blühte wieder etwas auf, obwohl meine Insel, die Freunde und das Abenteuer mir fehlten.

Nach rund zwei Monaten hatte ich bereits ein gutes Stammpublikum gewonnen. Das Geschäft lief sehr gut und die Umsatzzahlen stiegen über das Erwartete hinaus. Unter dem Stammpublikum befanden sich zwei italienische Herren, welche die Kochkünste des afrikanischen Koches sehr schätzten.

Diese zwei Italiener kamen fast jeden Abend und saßen meistens ungestört im Nebenzimmer, welches sie im Voraus reserviert hatten. Eines Abends betrat ich, wie gewohnt, das Nebenzimmer und fragte, ob sie noch Wünsche hätten. Als mein Blick zufällig auf den offenen Aktenkoffer fiel, der neben ihrem Tisch lag, sah ich eine große Menge gebündelte Geldscheine darin liegen. Ich überspielte meine Überraschung und verhielt mich so, als hätte ich es nicht bemerkt.

Eines Abends beschloss ich, die beiden auf einen Prosecco an der kleinen Hausbar einzuladen. Ich erzählte ihnen von meinen Reisen und Erlebnissen in Thailand. Wir unterhielten uns über das Leben und philosophierten über die Welt. Mit der Zeit wurde es zur Gewohnheit, dass die beiden Italiener sich nach dem Essen zu mir an die Bar gesellten. Eines Abends, als die letzten Gäste und der Koch das Restaurant verlassen hatten, war ich mit ihnen alleine an der Bar.

Ziemlich rasch kamen sie zur Sache und schlugen mir ein lukratives Geschäft vor. Sie waren auf der Suche nach Abnehmern von gestohlenen Edelkarossen und diversen Sportautos, die in Italien umgebaut und mit neuen Papieren versehen wurden. Pro Auto würde man zwischen 5 000 und 10 000 Mark verdienen, je nach Automarke.

Ich versprach ihnen, dicht zu halten und mir Gedanken über eine mögliche Zusammenarbeit zu machen. Eine Woche darauf kamen die beiden mit einem Lamborghini vorgefahren, den sie mir für zwei Tage zum Probefahren übergaben. Das Auto war mit einer deutschen Nummer versehen, angemeldet und versichert. Ich genoss es in vollen Zügen, mit diesem Auto durch die Gegend zu fahren. In diesem Fahrzeug fühlte ich mich wie James Bond, was fehlte, war nur noch der Koffer voller Geld.

In dieser Zeitspanne bekam ich eine unangenehme Nachricht: Von der deutschen Bundeswehr erhielt ich den Befehl, binnen sechs Monaten an einer Dienststelle in Süddeutschland einzurücken. Diese Meldung durchkreuzte meine Pläne, denn ich konnte

mir auf gar keinen Fall vorstellen, meine Zeit bei der Bundeswehr zu vertrödeln. Alleine die Vorstellung, in einer Uniform zu
stecken und unter den Befehlen eines anderen im Schlamm zu
liegen, graute mir. Umso interessanter war für mich das Angebot
der Italiener: auf die Schnelle gutes Geld zu verdienen. Zusammen mit dem, was ich noch auf Reserve hatte, konnte ich endlich
mein Ziel, bald auszuwandern, verwirklichen.

Die Italiener wollten die Autos möglichst rasch verkaufen. Der
Preis eines Wagens lag zwischen 30 und 50 Prozent unter dem
Handelspreis und somit waren die Chancen groß, die Karossen
schnell los zu werden. Ich willigte ein und machte mich rasch
auf die Suche nach Abnehmern. Immer, wenn ich die Arbeit im
Restaurant beendet hatte, machte ich mich auf und suchte all die
Clubs auf, in denen ich früher so oft verkehrt hatte. Es dauerte
nicht lange und ich hatte bereits Kontakte zu Personen, die über
genügend Kapital verfügten und ohnehin nach Möglichkeiten
suchten, ihr Geld auszugeben.

All die früheren Kontakte waren jetzt Gold wert und schon
einen Monat später vermittelte ich ein bis zwei Autos wöchentlich. Bei der Übergabe der Fahrzeuge waren die beiden Italiener und ich immer anwesend. Das Geschäft florierte und zwei
Monate danach verdiente ich monatlich bis zu 20 000 Mark
zusätzlich. Ich musste meine Kontakte aber noch mehr erwei-
tern, um weiterhin Geld zu verdienen, und pflegte Beziehungen
bis nach Stuttgart, was schnell zu Stress führte. Hinzu kam, dass
ich immer noch im Restaurant arbeitete.

Dann begannen die Italiener bei einigen Übergaben zu
behaupten, dass sie mir nicht mehr die volle Summe auszahlen
könnten. Bald schuldeten sie mir etwa 20 000 Mark und schoben
die Zahlungen immer weiter hinaus. Mein Druck wurde dadurch
nur noch verstärkt und ich fühlte mich in die Ecke gedrängt.

Auf der Suche nach einer anderen Verkaufsstrategie fand ich
im Stuttgarter Milieu einen alten Freund, der mit in das Geschäft
einstieg. Die Verkaufszahlen stiegen wieder. Die Italiener zöger-

ten mit den Zahlungen jedoch immer noch und zahlten mir nur die Hälfte des vereinbarten Betrages bei der Übergabe. Die Ausrede war, dass sie das Geld dringend für die Anschaffung weiterer Autos benötigten. Zwischen mir und den Italienern wurden die Spannungen größer und ich traute ihnen nicht mehr.

Der Einrückungstermin der Bundeswehr kam zudem auch immer näher: Noch knappe drei Monate hatte ich Zeit! Ich besprach meine Aussichten mit Carlos und bat ihn, sich einen anderen Mitarbeiter für das Restaurant zu suchen. Kurz darauf hatte er bereits jemanden gefunden und so gab ich meinen Job auf. Ich konzentrierte mich jetzt nur noch auf das Vermitteln von Autos und suchte nach neuen Abnehmern, was immer schwieriger wurde. Mein Geld hatte ich in der Schweiz auf einer Bank deponiert und so in Sicherheit gebracht.

Eines Abends rief mich Carlos' alter Freund Roberto an und bat um ein Treffen mit mir. Seine Stimme klang sehr dringend und so verabredete ich mich gleich am nächsten Tag mit ihm in einem alten Kaffeehaus. In einer ruhigen und ungestörten Ecke des Lokals teilte er mir mit, dass die beiden Italiener, bei denen ich mitarbeiten würde, von einer Sondereinheit der Kriminalpolizei beschattet würden. Die Polizei hatte logischerweise auch mich im Visier. Ich hatte mit niemandem über meine Mitarbeit gesprochen, doch Roberto wusste Bescheid.

Die Italiener schuldeten mir mittlerweile eine beachtliche Summe an Geld, welches ich unbedingt noch bekommen wollte, bevor ich abreiste. Mir wurde klar, dass die beiden das Geld bewusst zurückgehalten hatten. Da hatten sie mich aber unterschätzt: Ich schmiedete einen Plan und war entschlossen, das Geld, wenn nötig, auch mit Gewalt zu holen; dazu besorgte ich mir eine Schusswaffe.

Frühmorgens suchte ich die beiden in ihrer Lagerhalle am Rheinhafen auf und bat um ein Gespräch im Büro. Während des Gespräches gaukelte ich ihnen vor, dass drei Autos für Stuttgart ab sofort zu vermitteln wären. Für die Jungs war dies wohl die erfreulichste Botschaft seit Monaten. In der Halle stand selten ein Auto, die Autos wurden meistens in Italien bestellt und via Frankreich über Nacht nach Deutschland transportiert.

Ich fragte nach dem ganzen Geld, welches sie mir noch schuldeten. Aber sie wollten mich mit 10 000 Mark abspeisen und es nochmals auf die lange Bank schieben. Ich nahm die Noten entgegen und stecke sie mir in die Hosentaschen, zog dann rasch meine Waffe aus der Jacke und drückte mit einem heftigen Schlag den Lauf der Waffe dem Jüngeren der zwei an die Brust.

Die beiden waren wie versteinert und sprachlos, ihre Gesichter wurden weiß wie Schnee. Ihnen war klar, dass die Lage sehr ernst und ich in diesem Moment zu allem fähig war.

Ich verlangte den braunen Aktenkoffer, der neben der Kaffeemaschine stand, und bat den Älteren, ihn zu öffnen. Er öffnete den Koffer langsam und jammerte, während ich hineinblickte. Als ich sah, dass der Koffer voller Geld war, wurde ich noch wütender und schrie die beiden an. Ich nahm den Koffer, drückte den Verschluss zu und warf ihn in Richtung Ausgangstür.

Zornig schlug ich mit dem unteren Pistolengriff dem Jüngeren auf die Nase, welcher rückwärts auf die Kaffeemaschine flog, und dem Älteren gab ich einen Tritt in den Bauch. Unüberlegt schoss ich zweimal in Richtung Boden und wütete in ihrem Büro herum. Ich stieß Schränke um und alles, was mir zum Greifen nah war, flog herum.

In meiner Wut hatte ich meine Selbstbeherrschung völlig verloren. Die beiden Italiener lagen zusammengekrümmt am Boden, über ihnen der Bürotisch, Regale und einige Akten darauf. Ohne mich noch einmal nach ihnen umzudrehen, verließ ich das Büro, griff zum Koffer vor der Tür und lief quer durch die Halle hindurch zum Haupteingang.

Nach einer längeren Autofahrt parkte ich oberhalb eines Weinberges vor einer alten Kapelle. Plan- und orientierungslos blieb ich einige Stunden im Auto sitzen und zählte das Geld. Im Koffer befand sich mehr Geld, als sie mir geschuldet hatten.

Im nächsten Dorf übernachtete ich in einer Pension und fuhr am Morgen nochmals zur Kapelle hinauf. Ich hatte mein Ziel erreicht und genug Geld in der Tasche; glücklich war ich trotzdem nicht. Mein Plan war nun, über Venedig nach Thailand zu reisen. Am gleichen Tag rief ich Noppy und meine Freunde in Thailand an und teilte ihnen mit, dass ich in zwei, drei Wochen wiederkommen würde.

Ich kontaktierte meinen Stuttgarter Kollegen und übergab ihm den Restbetrag meiner Schulden. Am gleichen Tag ließ ich mich von ihm via Frankreich in die Schweiz fahren, um mein ganzes Bargeld abzuheben und weiter nach Venedig zu reisen.

In Venedig schenkte ich meinem Kollegen das Auto und gab ihm für die Sonderleistung nochmals eine beachtliche Summe an Bargeld. Beim Abschied fragte er mich, was ich mit dem ganzen Geld tun würde. Ich antwortete, dass ich am liebsten auf einer Insel leben wollte und ohne Geld am glücklichsten wäre. Er lächelte nur, doch ich meinte es sehr ernst.

Nach einem Telefonanruf boten mir Marco und Denise ihr Gästezimmer an, ich verheimlichte ihnen jedoch die Beweggründe meines Aufenthaltes in Venedig. Ich spielte in meinem Leben immer wieder eine Rolle, wie ein Schauspieler, was für mich sehr anstrengend war.

Ich erholte mich erstmals von den Strapazen, spazierte tagsüber in Venedig herum und verweilte an den Abenden am Strand von Lido.

Außer meinem Kollegen aus Stuttgart wusste niemand, wo ich mich aufhielt. Nach einer Woche kontaktierte ich Roberto in Deutschland und fragte, wie die Situation sei. Er teilte mir mit, dass die beiden Italiener immer noch von der Polizei beobachtet würden, mein Vorgehen war ihnen anscheinend nicht bekannt. Aber schon einen Tag später rief mich Roberto zurück und erzählte mir, dass mich die Polizei suchen würde. Roberto spielte den Vermittler zwischen den Behörden und mir und gab mir weitere Informationen.

Dann kam der Tag, an dem Roberto mir erzählte, dass der
Kommissar unbedingt mit mir telefonieren wollte. Ich war neugierig darauf und fuhr sicherheitshalber von Venedig nach Mailand, um von dort aus telefonieren zu können, ohne eine Spur
meines Aufenthaltsortes zu hinterlassen.

Der Kommissar erklärte mir in diesem Gespräch, dass wenn
ich ihm gegenüber Aussagen zu den beiden Italienern machen
würde, dies geheim und vertraut geschehen würde. Die Italiener seien seit Jahren von der Polizei beschattet worden und nun
wollten sie alle möglichen Informationen zu ihren Tätigkeiten
bekommen.

Seitens der Behörden bekam ich das Angebot, dass ich unter
einem sogenannten »Gentlemen Agreement« stehen würde,
wenn ich Angaben und genaue Auskünfte zu den Machenschaf-
ten der Italo-Brüder geben würde, dafür würde mir Immunität
zugesichert. Ein verlockendes Angebot – dachte ich, zumal der
Druck für mich nicht zu unterschätzen war. So willigte ich ein
und zwei Tage später fuhr ich an die deutsch-schweizer Grenze,
um mich mit einem Beamten der Sondereinheit zu treffen. Alles
lief genauso, wie er mir versprochen hatte: Ich gab ihm fast alle
Informationen, die er haben wollte, stellte aber zur Bedingung,
dass nicht nur ich, sondern auch ein Freund bedeckt bleiben
würden und dass ich wieder bedingungslos gehen konnte, ohne
sagen zu müssen, wohin.

Mit dem Gefühl eines halbfreien Mannes fuhr ich wieder
zurück nach Venedig, wo ich noch einige Tage bei meinen Freunden blieb und bald darauf mit einem One-Way-Ticket nach Singapur flog.

Nachwort:

Die beiden Italiener in Deutschland haben nie erfahren, dass
ich, auch dank der Hilfe meines Freundes Roberto, sie hatte auf-
fliegen lassen.

Die Polizei war der Gruppe schon seit längerem auf den Fer-
sen gewesen und ich wusste dies dank Roberto schon im Voraus.

Der jüngere Italiener wurde zu fünf Jahren Haft verurteilt, der ältere zu lebenslanger Haft und Sicherheitsverwahrung.

Als ich mit ihnen zusammengearbeitet hatte, standen die beiden Männer schon unter einem 24-Stunden-Bewachungsdienst des SEK Baden-Württemberg. Um Personen zu schützen, wurden gewisse Abläufe und Handlungen verändert!

KAPITEL 7

FLUCHT NACH THAILAND

In Singapur angekommen, genoss ich erst einmal den wunderbaren Aufenthalt in einem luxuriösen Fünf-Sterne-Hotel und ließ mich rundum verwöhnen. Am nächsten Morgen eilte ich in die nächste internationale Bank und legte dort einen Großteil der Beute in Singapur-Dollar an. Im Hotelsafe bunkerte ich 50 000 Mark in bar ein, welche ich für die Reise nach Thailand eingeplant hatte. Schon nach wenigen Tagen wurde mir der Trubel und das schnelllebige Hin und Her in Singapur zu viel und ich wollte so schnell wie möglich wieder auf die Insel Phuket fliegen, um Noppy und meine Freunde wiederzusehen. Also kaufte ich mir rasch ein Ticket nach Thailand und stieg kurz darauf ins Flugzeug.

Mir wurde gleich warm ums Herz, als ich aus dem Fenster blickte und unter mir die wunderschöne Insel Phuket liegen sah. Sofort suchte ich mir vertraute Strände und Straßen und ich konnte es kaum erwarten, den Fuß auf diese zu setzen. Zwar war ich auf der Flucht, was nicht die optimalste Voraussetzung für einen entspannten Neustart war, aber mein Kindheitstraum, auf einer Insel oder einfach weit weg von zuhause zu leben, schien sich zu erfüllen.

Noppy und ihre Familie erwarteten mich bereits am Flughafen Phuket und ich konnte ihre strahlenden Gesichter von weitem erkennen. Lachend und glücklich fuhren wir alle nach Hause, wo Khun Phoo, der Vater, auf uns wartete. Er hatte ein wahres Festessen organisiert und nahm mich auf, als wäre ich sein eigener Sohn. Zusätzlich zu dem ganzen Essen und der Freude, mich wiederzusehen, erhielt ich ein spezielles Willkommensgeschenk: einen deutschen Schäferhund! Es war ein süßer, kleiner Welpe namens Rambo.

Die ganze Nacht hindurch wurde gefeiert und erzählt, gegessen und gelacht. Im Hintergrund lief thailändische Popmusik, zwischendurch nahm Pui seine Gitarre und spielte ein paar englische Songs, bei denen wir alle mitsangen. Der Strand war nicht weit entfernt und ab und zu ging ich ein paar Schritte hinaus in die Stille, um dem beruhigenden Rauschen zuzuhören. Ich blickte nach oben zum Himmel und bestaunte wieder einmal die unzählbaren Sterne, die mir so nahe schienen und mir wie eine Lichterdecke das Gefühl von Geborgenheit gaben.

Khun Phoo und seine Familie bedrängten mich rasch mit der Frage, wie lange ich denn bleiben würde. So erklärte ich ihnen, dass ich aus Deutschland geflüchtet sei, weil ich Probleme mit dem Militär hatte und deswegen einige Jahre oder vielleicht sogar für immer in Thailand bleiben würde. Wieviel Geld ich zur Verfügung hatte, blieb jedoch mein Geheimnis.

Der Vater bot mir an, auf seinem Land im Süden zu wohnen. Er besaß dort mehrere Ländereien mit unzähligen Palmen darauf sowie eine Süßwasser-Fischzucht. Ich musste ihm erklären, dass ich vorläufig auf der Insel Phuket bleiben würde, versicherte ihm jedoch, als ich seine traurige Miene sah, ihn dort hin und wieder zu besuchen.

Da ich mich nicht um finanzielle Mittel kümmern musste, entschied ich vorerst, keine Arbeitsstelle zu suchen, sondern versuchte viel mehr, innerlich zur Ruhe zu kommen. Noppy und meine neue thailändische Familie akzeptierten meine Einstellung und waren damit zufrieden.

In den darauffolgenden Tagen nutzte ich die Zeit und tat oft nichts anderes, als am Strand zu spazieren und mich so von den Strapazen zu erholen. Die Spaziergänge am menschenleeren Strand, das beständige Geräusch des Meeresrauschens und die warmen Sonnenstrahlen halfen sehr dabei, meine Erinnerungen aus Deutschland verblassen zu lassen, und immer mehr rückten die mitgereisten Sorgen in den Hintergrund.

Ich begann wieder, mir Gedanken über die Zukunft zu machen, und setzte mir ein Ziel: Im ersten Jahr hier wollte ich weder ein Geschäft eröffnen noch sonst einer Tätigkeit nachgehen. Ich wollte einfach leben und erleben, wollte mir Zeit nehmen, die Menschen auf der Insel und meine neue Familie besser kennenzulernen.

Durch das tägliche Schwimmen und Sonnenbaden fühlte ich mich so wohl und gesund wie lange nicht mehr und blühte auf wie eine Wüstenrose, die seit Jahren keinen Regen mehr genossen hatte. Oft ging ich zu Noppy in ihr Fitnesscenter, trainierte noch eine Weile, während sie arbeitete, und wartete, bis sie Feierabend machte. Dann unternahmen wir meistens kleine Touren mit dem Motorrad an nahegelegene Strände. Dort verweilten wir bei gutem Essen, plauderten oder träumten einfach vor uns hin.

Fast jeden Morgen fuhr ich Noppy mit dem Motorrad zur Arbeit in das nahegelegene Hotel, das an einer Bucht lag. Danach erkundete ich alleine die Insel und fuhr von einem Strand zum nächsten.

Einmal überraschte ich meinen alten Freund Ricky an seiner Bar auf einer meiner Touren. Dort traf ich auch meine beiden deutschen Freunde Thomy und Mike wieder an. Wir freuten uns über dieses überraschende Wiedersehen und feierten die ganze Nacht hindurch bis in die frühen Morgenstunden hinein. Kurz vor Sonnenaufgang machten wir uns alle auf den Nachhauseweg und schliefen unseren Rausch aus.

Nach gut einem Monat hatte ich mich eingelebt. Zum ersten Mal seit meiner Rückkehr auf die Insel besuchte ich jetzt auch wieder den alten Kneipenbesitzer und Ex-Hippie Horst an der Karon-Beach. Seine Stammgäste waren immer noch die mir vertrauten Gesichter: Jacki, der Holländer, Enrico, der ehemalige Opiumdealer, der zwei Meter große Fabio und andere, die aus verschiedenen Gründen auf der Insel Phuket gestrandet waren.

Der Österreicher Franzl war der einzige, der jetzt nicht mehr dabei war. Man hatte ihn vor einem Monat bei den Mönchen im Tempel verbrannt. Er starb noch in den Armen seiner Kollegen. Seine Leber war durch den jahrelangen Drogenkonsum am Ende und er musste sein irdisches Dasein verlassen. Seine Freunde behielten ihn in guter Erinnerung und machten ab und zu noch Sprüche über ihn.

Die Karon-Beach wurde zu meinem Lieblingsstrand, wohin ich fast täglich zum Schwimmen ging. Manchmal lief ich stundenlang über Felsklippen oder durchkämmte den dahinterliegenden Dschungel. Ich liebte es, mich selber körperlich immer wieder herauszufordern. Manchmal trainierte ich mit einem Thaiboxer am Strand und lernte ein paar Tricks von ihm; er war unheimlich schnell. Ich konnte nie so richtig einordnen, aus welcher Richtung seine Schläge kamen. Im Thaiboxen benutzt man die Ellbogen, gewisse Knietechniken und teilt schmerzhafte Kicks mit dem Schienbein auf die Oberschenkel oder auf die Rippen aus. Nach dem Training erholten wir uns dann im Schatten der Bäume und rauchten Marihuana.

Da ich sehr viel Zeit hatte, lernte ich rasch viele Leute aus der ganzen Welt kennen, die alle ihr Geld verdienen wollten. In meinen Augen war Phuket eine Goldgräberinsel. Jeder versuchte zu schürfen, um so viel wie möglich herauszuholen. Manch einer blieb auf der Strecke und stand am Schluss bettelarm da.

Als Ausländer hatte man im Land kaum Rechte und die einzige Möglichkeit war, sich mit einem Thailänder zu verbünden, in den man vollstes Vertrauen setzen konnte. Korruption war an der Tagesordnung und für die meisten Thais war dies etwas ganz Normales. Ich war sehr froh, dass ich eine thailändische Familie als Rückendeckung hatte, welche mir Schutz und Sicherheit gab.

Es wurde Anfang Dezember und die Insel füllte sich mit immer mehr Touristen. Das Wetter wurde immer klarer und die meiste Zeit über wehte eine leichte und sehr angenehme Brise über das Land. Zwei Tage vor Weihnachten kamen meine Freunde Marco und Denise aus Venedig. Sie wohnten wie immer in ihrem Bambushaus auf dem Palmenhügel des »Happy-Hut«-Resorts. Noppy und meine Freunde verstanden sich vom ersten Augenblick an sehr gut miteinander. Wir unternahmen oft gemeinsame Touren und trafen uns auch regelmäßig am Strand.

Mit der Zeit flachte jedoch meine Beziehung zu Noppy ab und ich empfand fast keine Gefühle mehr für sie. Ich verstand mich selbst nicht mehr, wusste nicht, warum das geschehen war, was mich sehr nachdenklich machte. Gemeinsam beschlossen wir, dass ich für eine Weile am besten alleine wohnen würde. Noppy nahm das Ganze immerhin gelassen, was mich beruhigte und mein schlechtes Gewissen ein wenig linderte. Ich mietete einen kleinen Bungalow und fühlte mich wieder wohl in der Haut.

Der deutsche Schäferhund Rambo blieb bei Pui und der Familie zurück. Vielleicht wollte ich nicht zu sehr abhängig sein und suchte Distanz zu ihrer Familie, da ich mich mit der Zeit eingeengt gefühlt hatte. Ich hatte jetzt wieder mehr Freiraum und Zeit für mich selbst und auch für meine Freunde. Tagsüber verbrachte ich die Zeit wie gewohnt am Strand, wo oft auch Marco und Denise dabei waren. Nachts besuchte ich Ricky in seiner Bar oder ging mit Mike und Thomy auf Tour. Jetzt lernte ich auch das Nachtleben besser kennen und traf viele Thailänder, die an der Patong-Beach zuhause waren.

Eines Nachmittags passierte jedoch etwas Unerwartetes, was meinem dahinplätschernden Alltag eine interessante Abwechslung gab. Ich ging in die Stadt Phuket und suchte einen Friseurladen auf, da ich unbedingt wieder eine Zwei-Millimeter-Kurzhaarfrisur haben wollte. Im Vergleich zu Deutschland werden einem in Thailand nach dem Haare schneiden noch die Ohren geputzt und man darf eine sehr angenehme Kopfmassage genießen. Während der Massage schlief ich entspannt ein, doch als die Massage beendet war und ich meine Augen verschlafen öffnete, blickte ich geradewegs in das Gesicht eines thailändischen Polizeioffiziers, der neben mir saß und gerade seine neue Frisur begutachtete.

Nachdem ich den ersten Schrecken überwunden hatte, realisierte ich überhaupt wieder, wo ich war, und entspannte mich. Der Offizier war sehr freundlich und lud mich auf ein Essen um die Ecke ein. Sein Name war Khun Jaroon und er machte das Angebot, mir die Stadt zu zeigen.

Er kannte sich im deutschen Fußball besser aus als ich und war ein absoluter BMW-Fan. Wir freundeten uns sehr schnell an und trafen uns am selben Abend wieder, um alle möglichen Clubs zu besuchen, in denen auf thailändisch live gesungen wurde. An diesem Abend nahm er noch einige Kollegen der Touristenpolizei mit. In jedem Club, den wir besuchten, wurde mächtig viel Essen aufgetischt und Karaoke gesungen. Nach dem Rundgang fuhren mich die Polizisten höchstpersönlich nach Hause. Khun Jaroon bedankte sich für den Abend und teilte mir mit, dass ich ihn zu jeder Zeit besuchen könnte.

Ich lebte weiter in den Tag hinein und machte mir überhaupt keine Zukunftsgedanken, sondern genoss einfach unbekümmert jeden Moment. Die Beziehung zu Noppy entwickelte sich zum Positiven und ich verliebte mich wieder richtig in sie wie in unserer Anfangszeit.

Ich spürte, dass jeder Tag ein Geschenk war, und machte mir keinerlei Sorgen. Es funktionierte, ohne dass ich täglich Entscheidungen treffen musste. Mein Freund, der Polizeioffizier, organisierte mir immer nach Ablauf meines Visums problemlos einen neuen Stempel und somit musste ich auch nicht mehr dauernd ein- und ausreisen.

Mitte April verabschiedeten sich Marco und Denise und gingen, wie gewohnt, wieder zurück nach Italien. Die Hitze war da und verlangsamte das Leben. Alle mieden die brennende Mittagssonne, denn wenn man draußen war, fühlte sich die Sonne an, als würde sie mit tausend kleinen Nadeln in die Haut stechen. Langsam leerten sich auch die Strände wieder und der Touristenstrom versiegte. Ich besuchte weiterhin meinen alten Freund Horst und dessen Freunde in der Kneipe. Es war immer amüsant, wenn die Jungs so zusammen saßen und jeder seine Geschichte zum Besten gab. Jack, der Holländer, schwamm im Geld, steckte sein Vermögen in eine prächtige Villa und spendierte oft eine Runde nach der anderen. Die anderen lebten von der Invalidenrente oder vom Drogenschmuggel.

Mein Freund Ricky war von seiner Patong-Beach nicht weg zu bekommen. Als ehemaliger Banker sehnte er sich nach Erfolg und viel Geld.

Durch Ricky lernte ich den deutschen Geschäftsmann Frank Rohrbach kennen, der an der Patong-Beach eine große Diskothek sowie ein Hotel besaß. Man munkelte, dass er Millionen an die Thaimafia bezahlte, um sich so Sicherheit zu verschaffen. Ab und zu lud er mich in seine Villa ein, um mit mir zu plaudern. Er war seriös und mir gegenüber immer sehr großzügig. Einmal unterbreitete er mir den Vorschlag, ihn ab und zu auf Tournee zu begleiten, da er einen Bodyguard benötigte. Er betonte jedoch auch, dass die ganze Sache geheim bleiben sollte. Ich sagte weder zu noch ab, sondern wollte erst in Ruhe darüber nachdenken.

Ende Juni meldete ich mich nach langer Zeit wieder mal bei meinem Freund Wolfgang in Wien. Er war nicht überrascht darüber, dass ich wieder nach Thailand gereist war. Sofort lud er mich ein, für ein paar Tage nach Wien zu kommen und ihn zu besuchen, und da ich aufgrund der Hitze sowieso ziemlich untätig war, nahm ich die Einladung an.

Wolfgang holte mich direkt am Flughafen Schwechat ab. Es waren über zwei Jahre vergangen seit unserem letzten Wiedersehen. Ich durfte in seiner Wohnung bleiben und nach einer kurzen Stadttour tauschten wir unsere Erlebnisse in einem kleinen Wiener Lokal aus. Ich erzählte ihm, dass ich vor dem deutschen Militär auf der Flucht sei und mich nun in Thailand für die nächsten Jahre aufhalten würde. Das fand er amüsant, trotzdem wagte ich nicht, ihm von meinen Geschäften mit der Auto-Mafia zu erzählen, da er ein gutsituierter junger Mann mit einem Doktortitel war und ich nicht wollte, dass unsere Freundschaft in irgendeiner Weise belastet werden könnte.

Im Inneren dieses jungen, schicken Doktors schlummerte jedoch das Herz eines wahren Abenteurers. Wir sprachen stundenlang über die endlosen Freiheiten Afrikas, über Gott und die Welt. Ich fragte mich oft, warum zwei so unterschiedliche Menschen, wie wir es waren, so gut miteinander auskamen und was uns eigentlich verband. Doch die Antwort lag eigentlich auf der Hand: Es war die Sehnsucht nach Freiheit und Abenteuer, die in uns beiden brannte. Wolfgang organisierte wenig später in der Villa seiner Mutter, welche etwas außerhalb von Wien lag, eine Willkommensparty für mich. Unglaublich, wer da alles auftauchte: Da waren junge Geschäftsmänner, Lehrer, Stewardessen und Lebenskünstler; eine bunte Mischung, wobei ich wohl der Bunteste war.

Alle waren sehr freundlich und charmant und ich fühlte mich in diesem Kreis sofort wohl. Es dauerte nicht lange und ich wurde bald wieder auf die nächste Party eingeladen. Einige fragten, ob ich nicht längere Zeit in Wien bleiben wollte, da ich bald fest zu Wolfgangs Freundeskreis dazugehörte.

Etwas später machte mir Wolfgang den Vorschlag, für die nächsten zwei Monate in seiner Wohnung zu bleiben, da er ohnehin nach Südamerika reisen würde. Ich rief Noppy in Thailand an, um ihr davon zu erzählen, da sie eigentlich mit meiner baldigen Rückreise gerechnet hatte, doch sie war mit meinen Plänen einverstanden, solange ich danach wieder nach Thailand zurückkehren würde.

Ich entschloss mich also, zu bleiben, und übernahm die Wohnung von Wolfgang. Wolfgangs engster Freund Dieter kam fast täglich zum Abendessen vorbei und wir unternahmen gemeinsame Touren durch die Innenstadt. Jeden Morgen ging ich in ein Fitnesstudio, danach schaute ich mir alle Sehenswürdigkeiten der Stadt an und genoss die Zeit in und um Wien herum.

Wolfgang war immer noch in Südamerika und reiste dort herum. Ich fuhr noch einige Tage nach Venedig, um dort meine Freunde Marco und Denise zu besuchen, und flog dann via Mailand zurück nach Thailand.

KAPITEL 8

BEACH BOY

ch freute mich sehr, Noppy und ihre Familie wiederzusehen. Diesmal fuhr ich mit dem Taxi direkt zu Noppys Familie und überraschte sie. Als erstes begrüßte mich unser deutscher Schäferhund Rambo mit seinem lauten Bellen, danach wurde ich von Noppy und ihrer Familie freudig empfangen.

Ich verteilte meine Geschenke, die Wiener Schokolade, Gebäck und feinsten Wiener Kaffee. Während Noppy und ich draußen auf der Veranda saßen, bereiteten Pui und seine Frau Ya leckeres Essen zu. Khun Phoo war im Süden auf seinen Ländereien und sammelte Kokosnüsse. Ich war froh, wieder auf meiner Insel und bei meiner thailändischen Familie zu sein. Noppy gab mir die Freiheit, die ich brauchte, und hätte ich diese Familie nicht gefunden, wäre ich vielleicht weiter nach Australien oder Neuseeland gereist.

Am nächsten Morgen fuhr ich wieder in meinen kleinen Bungalow, welcher sich knapp zwei Kilometer von der Familie entfernt befand. Sofort ging ich an den Strand und schwamm eine große Runde im Meer. Am Abend kam Noppy nach der Arbeit bei mir vorbei und teilte mir mit, dass ihr Onkel Khun Sawat mich unbedingt kennenlernen wollte. Ein paar Tage später fuhren wir nach Bangkok und besuchten dort ihren Onkel. Etwas außerhalb von Bangkok hatte er ein großes Bürohaus mit vielen Angestellten. Überall hingen Baupläne und unendlich viele Modelle von Häusern und Hotels standen auf den Showtischen herum.

Er empfing uns freundlich in seinem Großraumbüro. Noppy war sehr glücklich darüber, ihn wiederzusehen. Als kleines Kind hatte sie oft auf seinem Bürotisch gespielt und war von Sessel zu Sessel gesprungen, erzählte mir ihr Onkel. Obwohl wir in seinem Büro saßen, trug er eine dicke Sonnenbrille auf der Nase. Er war klein von Gestalt und sprach mit mir sogar ein paar Brocken Deutsch. Er war schon öfter in Deutschland gewesen und reiste viel in Europa herum.

Zwei Stunden lang blieben wir in seinem Büro und sprachen über seine Geschäfte und über das Leben im Allgemeinen. Er wirkte sehr ruhig und entspannt, aber ich ahnte schnell, dass er mit den Bauprojekten alleine nicht genug Geld verdienen konnte, um sich den Luxus, den er besaß, und die großzügigen Büros leisten zu können.

Noch am selben Abend lud er uns zu einem leckeren Abendessen ein. Er hatte einen Chauffeur für seinen Mercedes und ich staunte nicht schlecht, als ich sah, dass dieser sogar weiße Handschuhe trug. Die ganze Situation konnte gar nicht eleganter sein und alles roch nach Luxus. Während des Essens machte er mir das Angebot, jederzeit bei ihm mitarbeiten zu können. Ich nickte freundlich und gab ihm zu verstehen, dass ich vorerst sicher in Phuket bleiben wollte, aber eventuell später darauf zurückkommen würde. Ich hatte zu diesem Zeitpunkt nie vor, für ihn zu arbeiten, da ich mir schon denken konnte, welche Gefahren und Risiken hinter seinen bestimmt nicht ganz lupenreinen Geschäften liegen konnten. Nach dem Essen verabschiedeten wir uns von ihm, um am nächsten Morgen wieder zurück nach Phuket zu fahren.

Es waren noch nicht viele Tage vergangen, als mir Ricky berichtete, dass er seine große Bar abreißen lassen wollte, um stattdessen eine kleine Geschäftsstraße zu bauen. Er hatte noch einen Fünfjahresvertrag für das Grundstück und wollte die erbauten Geschäftseinheiten danach für weitere fünf Jahre kaufvermieten. Ich fand seine Idee so gut, dass ich ihm gleich erklärte, die vordersten zwei Geschäfte zur Straße hin zu übernehmen.

Tage später saßen wir bereits im kleinen, unklimatisierten Büro eines Anwaltes, unterzeichneten den Vertrag und ich gab Ricky eine Anzahlung von 25 000 Dollar. Mit meiner Anzahlung konnte Ricky sofort mit dem Bau beginnen und schon wenige Wochen später war die Hälfte der Straße beinahe fertig. Die Lage eignete sich perfekt für eine kleine Einkaufsstraße, da sie sehr zentral gelegen war und somit jeder Tourist unweigerlich an ihr vorbeikam, um zum Strand oder in die Stadt zu gehen. Zwei Monate später war die Straße fertig gebaut und jedes einzelne Geschäft vermietet.

Ich hatte noch keine Ahnung, was ich mit meinen beiden Geschäften machen wollte. Ricky gab mir den Tipp, Imbissbuden daraus zu machen, denn das Shoppen mache Touristen hungrig und durstig und in dieser Einkaufsstraße sei dies eine Goldgrube.

Obwohl das einleuchtend klang, konnte ich mich mit dieser Idee nicht anfreunden und beschloss, die beiden Geschäfte weiterzuverkaufen. Dafür betrieb ich jedoch keinen großen Aufwand, ich hängte lediglich ein selbstbemaltes Schild an die Tür, auf dem stand: »Shop for sale«. Meine zwei Geschäfte waren die begehrtesten in der Straße, weil sie direkt an der Hauptstraße lagen, an der viele Touristen vorbeikamen. Ich bekam so viele Angebote, dass ich mit den Gesprächen kaum noch nachkam. Schließlich verkaufte ich die beiden Geschäftseinheiten an ein holländisches Ehepaar für die doppelte Summe dessen, was ich bezahlt hatte. Ohne viel Aufwand hatte ich eine beachtliche Summe verdient und war sehr zufrieden mit dem Verlauf. Das verdiente Geld legte ich zu guten Konditionen bei einer Bank an.

Ich hatte jetzt wieder mehr Zeit für den Strand und das tägliche Training. Mittlerweile waren auch schon wieder Marco und Denise auf der Insel und wir verbrachten viel Zeit miteinander.

Irgendwie waren fast zwei Jahre nach meinem Weggang aus Deutschland vergangen und ich hatte so viele Freunde gefunden und fühlte mich so wohl, dass ich gar nicht mehr über meine Familie in Deutschland nachdachte. Mehr noch, ich hatte – um ehrlich zu sein – langsam vergessen, dass ich überhaupt eine Familie hatte.

Durch den deutschen Geschäftsmann Frank Rohrbach lernte ich noch einige andere spannende Geschäftsleute kennen. Sein Angebot, als Bodyguard für ihn zu arbeiten, schlug ich aus, denn meine Freiheit war mir viel wichtiger. Ich genoss es, mein Dasein als Beachboy zu fristen. Ab und zu organisierte ich Dschungel-touren für wohlhabende Familien, die ich am Strand kennen-lernte, und verdiente durch mein Hobby etwas Geld dazu.

Eines Abends lernte ich eine österreichische Gruppe kennen, die seit Jahren an der Patong Beach wohnten. Darunter war Heinz, Wiener-Heinzi genannt, ein ehemaliger Bordellbesitzer, und Martin, der alle drei Monate für ein paar Tage nach Phuket flog. Meine beiden deutschen Freunde Mike und Thomy gesell-ten sich zu der Gruppe dazu. So entstand rasch ein neuer Freun-deskreis.

Noppy schien nicht glücklich über meine neuen Bekannt-schaften zu sein, trotzdem schwieg sie und gab mir weiterhin die Freiheiten, die ich mir wünschte. In den meisten Barstraßen der Stadt, in denen ich mich durch meine neuen Freunde immer öfters aufhielt, kannte man mich bereits und ich fühlte mich in dem Milieu des Nachtlebens zuhause. Ab und zu besuchten mich Marco und Denise an der Patong-Beach und wir verbrachten viele Nächte beim Tanzen in der Diskothek.

Mr. Jong war eine Art Mafioso an der Patong-Beach, dem sein Ruf vorauseilte und den ich auf meinen nächtlichen Bartouren kennen lernte. Mit ihm spielte ich oft Billard bis in die frühen Morgenstunden. Mr. Jong und einige andere Thailänder, die an der Beach aufgewachsen waren, kassierten angeblich Schutzgel-der von den Bars und Diskotheken. Die Thailänder wussten, dass ich eine Familie hier hatte, Noppys Familie, und behandelten mich deshalb respektvoll.

Mit meinem Freund, dem Polizeioffizier Khun Jaroon, blieb ich auch weiterhin in Kontakt. Er organisierte mir regelmäßig das Einreisevisum, ohne jemals dafür eine Gegenleistung zu verlangen. Wenn er mich abends in Patong in seiner Uniform besuchen kam, genoss ich seine Anwesenheit sehr. Irgendwer verbreitete das Gerücht, dass ich ein deutscher Polizist sei, der mit der thailändischen Polizei zusammenarbeiten würde. Ich sagte nichts dagegen, sondern schmunzelte nur, wenn ich das wieder von jemandem zu hören bekam. So ein Image zu haben, war vielleicht nicht einmal so schlecht.

Eines Abends machte ich die Bekanntschaft mit einem deutschen Meeresbiologen, Dr. Ludvic. Er arbeitete für einen reichen Chinesen, welcher an der laotischen Grenze in Thailand eine große Fischfarm besaß. Die Arbeit des Meeresbiologen bestand unter anderem darin, in Phuket lebende Krustentiere einzukaufen, welche im Bauch noch Eier trugen. Dann organisierte er den Transport der Tiere in einem speziellen, von ihm entwickelten Wassercontainer.

Diese von ihm ausgesuchten Tiere gehörten zu einer speziellen Tierart, welche nur auf den Andamanen vorkam und von den Japanern heiß begehrt wurde, da sie dort als Köstlichkeit galt. Das Kilo kostete in Japan angeblich rund 120 Dollar. Dr. Ludvic war ein abgebrühter Typ, seine Ausstrahlung glich der eines alten Seeräubers. Er sprach perfektes Englisch und konnte auf dem Pianoflügel der Hotelbar wunderbar Klavier spielen und dazu singen.

Dr. Ludvic lebte auf großem Fuß und ließ eine Runde nach der anderen auf die Hotelrechnung gehen, welche der reiche Chinese für ihn bezahlte. Eines Abends sprach er mich darauf an, ob wir nicht miteinander ins Geschäft kommen könnten. Er hatte angeblich die Nase voll von dem Chinesen und wollte eine eigene Farm eröffnen. Dazu brauchte er Startkapital, über das er jedoch nicht verfügte. Ich machte mir über seinen Vorschlag ernsthaft Gedanken, aber zögerte lange, da ich diesem gewieften alten Seebären irgendwie nicht über den Weg traute.

Er legte mir eine Studie zum Geschäft vor und eine genaue Berechnung, wie viel man pro Jahr an einem solchen Geschäft verdienen könnte. Wenn ich nur ein Viertel davon verdienen würde, was laut seinen Berechnungen zu verdienen war, wäre ich binnen eines Jahres um 100 000 Dollar reicher. Trotzdem wollte ich nicht voreilig handeln und nahm mit dem deutschen Geschäftsmann Frank Rohrbach Kontakt auf, um mit ihm alles zu besprechen und seine Meinung zu hören.

Frank war von der Idee einer Fischfarm begeistert und wollte unbedingt mit ins Geschäft einsteigen. Tage später stellte ich ihm Dr. Ludvic vor und wir besprachen die Geschäftsidee in seiner Villa. Rohrbachs Augen glänzten wie Gold, als er die Zahlen sah, und er willigte sogleich ein, mit der Hälfte des Investments einzusteigen. Was Rohrbach nicht wusste war, dass meine Hälfte in dem Preis, den wir ihm nannten, bereits enthalten war. Das hatte ich mit Dr. Ludvic bereits im Vorfeld so abgesprochen, genauso wie die Bedingung, dass es unter uns bleiben musste. Ich wollte auf keinen Fall ein zu großes Risiko bei diesem Geschäft eingehen. Immerhin betrug die Einlagesumme von Rohrbach 80 000 Dollar.

Dr. Ludvic, Rohrbach und ich einigten uns, dass wir im Oktober desselben Jahres mit dem Geschäft beginnen würden. Dazwischen lagen noch über drei Monate Zeit. Den Investmentvertrag ließ ich von einem Anwalt aufsetzen und wir unterzeichneten ihn gemeinsam. Dr. Ludvic wurde als Berater des Projektes eingetragen, Rohrbach und ich als Hauptinvestoren. Die Hälfte des vereinbarten Betrages zahlte mir Rohrbach in Cash aus und der Restbetrag würde im Oktober nachfließen.

Zwischenzeitlich suchten Dr. Ludvic und ich ein passendes Gebäude, fanden rasch eine alte Farm, die noch voll funktionstüchtig war, und mieteten diese zu sehr günstigen Konditionen für zwei Jahre. Ich hatte jetzt noch genug Zeit und wollte vor Beginn des Projektes wieder für ein paar Wochen nach Wien fliegen.

Noppy und ihre Familie waren von meinem Vorhaben begeistert und ich hatte endlich wieder eine Aufgabe. Das Tolle an dem Projekt war, dass die Fischfarm direkt neben einer Bucht lag und ich so gleich neben meiner Arbeitsstelle den Strand in der Nähe hatte.

Für meinen Trip nach Wien hatte ich knappe drei Monate eingeplant. Ich flog via Bangkok nach Mailand und besuchte zuerst meine beiden Freunde in Venedig. Nach einer Woche Venedig-Aufenthalt besuchte ich Wolfgang in Wien.

Er wusste, dass ich dieses Mal für eine längere Zeitspanne kommen würde. Mittlerweile besaß er eine größere Wohnung und es machte ihm überhaupt nichts aus, dass ich gleich ein paar Monate bei ihm wohnen würde. Ich hätte auch genauso gut eine kleine Ferienwohnung mieten können, doch das wollte er auf keinen Fall.

Ich genoss die Zeit in Wien sehr. Wolfgang nahm sich viel Zeit für mich und machte mich in seiner Familie und seinem Freundeskreis bekannt. Dass ich Mitinhaber einer Fischfarm war, imponierte ihm und seiner Familie. Wolfgangs Onkel, der ein Wiener Geschäftsmann und enger Freund von ihm war, wollte unbedingt mit in das Geschäft einsteigen.

An den Wochenenden unternahmen wir Kanutouren auf der Donau oder gingen in das nahegelegene Burgenland auf die Jagd. Mittlerweile hatte Wolfgang eine eigene Zahnarztpraxis eröffnet und legte seinen Traum, nach Brasilien auszuwandern, vorerst auf Eis.

Als ich eines Nachts mit Wolfgang in Wien unterwegs war, traf ich durch Zufall den Wiener-Heinzi und seinen Freund Martin in der Stadt an. Beide kannte ich ja bereits von der Patong-Beach aus Thailand. Eines ihrer Hauptgeschäfte war es, thailändische

Prostituierte nach Wien zu schleusen, und deshalb hielten sie sich hin und wieder in Wien auf.

Ich traf mich unter der Woche oft mit Wiener-Heinzi. Wir sahen uns in einem Wiener Stammlokal im ersten Bezirk Wiens. Durch Heinzi lernte ich eine völlig andere Welt kennen: die Wiener Szene und das Nachtleben. In dieser Szene lernte ich den Sunnyboy Thomas kennen. Er stammte aus einer Familie, die schon seit Generationen über den ganzen Wiener Gürtel regierte. Der Wiener Gürtel war seit jeher bekannt für das Rotlicht-Milieu.

Sein Vater hatte das Wiener Geschäft damals an seinen älteren Bruder Harry weitergegeben. Harry hatte sich in der Szene den Namen »Gürtelkönig« gemacht, welchem er auch ganze Ehre machte. Harry besaß die meisten Nachtclubs am Gürtel, verdiente viel Geld und gehörte zu den erfolgreichsten Männern des Wiener Milieus.

Mich faszinierte diese berauschende, luxuriöse und auch gefährliche Seite des Lebens und ich war nachts oft draußen auf der Donauinsel, die auch »Copa Cagrana« genannt wurde. Es war die Partymeile hoch drei in Wien. In den heißen Sommermonaten war die City praktisch leergefegt und das Leben spielte sich auf der »Copa Cagrana« ab.

Der Atoll-Beachclub, der direkt auf dem Wasser der Donau lag, wurde zu meinem zweiten Zuhause in Wien. Tagsüber konnte man gemütlich baden und entspannen, doch abends ging dort die Post ab und es wurde gefeiert bis in die frühen Morgenstunden.

Ab und zu tauchte Thomas mit seinem Onkel Franzi auf. Franzi sprach nur den alten Wiener Dialekt, wovon ich nur die Hälfte verstehen konnte. Er hatte immer zwei Jungs dabei, die ihn auf jedem Schritt begleiteten.

Eines Abends ließ mich ein Türsteher, ein gedrungener Italiener, an der Türe des Atoll Beach-Clubs stehen und wollte mich nicht ins Lokal reinlassen. Er fasste mit der einen Hand in seine Jacke und gab mir zu verstehen, dass ich weitergehen sollte. Ich empfand das als Drohung und als so frech, dass ich ihm ohne Vorwarnung direkt auf die Nase schlug und ihm noch einen Hieb gab, so dass er rückwärts in der Donau landete.

Die beiden anderen Türsteher kamen angerannt und wollten eingreifen. Doch ich blieb ruhig stehen und verlangte nach dem Manager des Hauses. Nach einer Weile erschien eine Frau. Als ich ihr den Vorfall schilderte, entschuldigte sie sich gleich bei mir und spendierte mir an der Hausbar einen Drink auf Kosten des Hauses. Dem kleinen Italiener wurde gekündigt und er musste das Lokal auf der Stelle verlassen.

Die Managerin des Hauses kam nach einer Weile zurück an die Bar. Sie fragte mich, ob ich während des Donauinselfestes im Sicherheitsdienst für sie arbeiten wollte. Ich überlegte nicht lange und willigte ein. Genügend Zeit hatte ich ja und etwas Besseres hätte mir ohnehin nicht passieren können. Essen und Getränke gingen aufs Haus und dazu bekam ich noch eine gute Bezahlung.

Während der folgenden drei Tage hatte ich die Aufgabe, für Sicherheit und Ordnung zu sorgen. Gerda, so hieß die Managerin, übergab mir die Hauptverantwortung sowie die Leitung über ein Team, das aus acht muskelbepackten Männern bestand.

Tagsüber füllte sich die Insel mit tausenden von Menschen aus aller Welt. Die Sicherheitsvorkehrungen liefen überall auf Hochtouren. Doch bei Licht war die Situation stets gelassen und entspannt, da die meisten nur auf der Insel waren, um Körper und Seele baumeln zu lassen.

Doch da waren noch die Nächte. Die erste verlief ohne Zwischenfälle und kurzerhand schickte ich nach der ersten Schicht die Hälfte meiner Crew nach Hause, da es nichts zu tun gab und wir alle nur herumstanden. Ich meinerseits blieb gleich den ganzen Tag über auf dem Gelände des Beachclubs. Als die erste Crew zurückkehrte, konnte die andere Hälfte für einige Stunden schlafen gehen. Zwei Jungs blieben jedoch freiwillig bei mir und arbeiten wie ich durchgehend. Ab und zu wechselten wir uns ab und legten uns für ein oder zwei Stündchen unter dem Schatten eines Baumes schlafen. Auch in der darauffolgenden Nacht verlief alles ereignislos und mein Team arbeitete voller Elan weiter.

Am nächsten Morgen ging ich in Wolfgangs Wohnung und schlief einen ganzen Tag und die Nacht durch. Dann kehrte ich in den Beach-Club zurück, um mir meinen Lohn abzuholen. Die Managerin und der Besitzer des Clubs waren so zufrieden mit meiner Arbeit, dass sie mir neben dem Lohn einen Extra-Bonus zahlten.

Gerda bat mich, noch bis Ende September zu bleiben. Ich war einverstanden, jedoch nur mit der Option, Mitte September gehen zu können, was kein Problem darstellte. Ich hatte Freude an meinem Job und die Doppelfunktion als Gastgeber und gleichzeitig Sicherheitsbeamter erschien mir besonders attraktiv.

Ich arbeitete pausenlos bis Mitte September durch. Thomas, der Sunnyboy, kam fast jeden Abend bei mir vorbei und besuchte mich. Wir freundeten uns mit der Zeit immer mehr an und gingen oft zusammen aus. Er war mein Türöffner, denn durch ihn lernte ich Kreise kennen, bei denen ich es sonst nie geschafft hätte, auch nur in ihre Nähe zu kommen.

Des Nachts besuchten wir manchmal den privaten Edelclub »Amadeus« im ersten Bezirk Wiens, in dem Schauspieler, bekannte Sänger und die oberen Kreise aus Wien ihr Zuhause hatten. Dieser Club war es auch, in dem ich den bekannten Wiener Rockstar Falco kennen lernte.

Mit der Zeit kannte ich so viele Leute und hatte mir durch die Freundschaft zu Thomas' Familie solches Vertrauen geschaffen, dass ich in dem Club ein- und ausgehen konnte, wie es mir passte. Und das, obwohl man diesen Club eigentlich nur als Mitglied betreten durfte. Der Clubbesitzer und Thomas' Bruder Harry waren enge Geschäftskollegen. Thomas wurde besonders gut behandelt und genoss den Schutz seines großen Bruders, was auch mir nur zugute kam.

Aber nicht alles war immer rosig. Eines Nachts gab es im Beachclub einen schlimmen Zwischenfall. Bei einer Gruppe von Koksdealern, die sich jeden Abend im Lokal aufhielten, war einer darunter, der sich nicht an die abgemachten Bestimmungen hielt. Mir fiel immer häufiger auf, dass er sich gegenüber manchen Gästen sehr unfreundlich und aggressiv verhielt. Als ich ihn freundlich darum bat, sich etwas ruhiger zu verhalten, schlug er mir ins Gesicht. Doch ich wich rasch aus und traf mit einem Seitenhieb sein Ohr. Er schrie vor Schmerzen auf und warf sich auf den Boden.

Scheinbar hatte ich mich aber mit dem Falschen angelegt, denn meine Arbeitskollegen der Sicherheit gaben mir zu verstehen, dass dies ein großer Fehler von mir gewesen sei und ich am besten gleich nach Alaska auswandern sollte. Ich lächelte nur und machte mir darüber keine weiteren Gedanken.

Am nächsten Tag kam der Boss des Dealer-Rings vorbei und spazierte stillschweigend an mir vorbei, um sich an die Bar zu setzen.

Anstatt zu hoffen, dass er mich in Ruhe lassen würde, packte ich den Stier gleich bei den Hörnern und ging zu ihm hin. Ich begrüßte ihn und sagte ihm gleich, dass er seinen Jungs bessere Manieren beibringen sollte. Seiner Statur und seinem Gesichtsausdruck nach sah er aus wie Mike Tyson, vor allem, was die Gereiztheit betraf. Wer hätte es gedacht, aber er reagierte wie gehofft und entschuldigte sich tatsächlich für seine beiden Jungs. Zehn Minuten später bekam ich einen doppelten Cognac bezahlt, der aber gleich in der Donau landete, da ich nüchtern bleiben wollte.

Was ich nicht wusste, war, dass Thomas' Bruder Harry mir jeden Abend einen Schutzmann in den Club geschickt hatte, der auf mich aufpasste, damit mir nichts zustieß.

Drei Monate waren rasch vergangen, doch bevor ich meine Arbeit in Wien beendete, ließ ich eine Party für alle meine Freunde steigen. Mit Thomas ging ich nochmals auf eine letzte Nachttournee und verabschiedete mich in den Clubs von allen neuen Bekannten. Wien war jetzt zu meiner zweiten Heimat

geworden und ich war mir sicher, dass ich im nächsten Jahr wiederkommen wollte.

KAPITEL 9

DIE FISCHFARM

W ährend des Fluges hing ich meinen Gedanken betreffend der Fischfarm nach. Ich träumte vom vielen Geld, sah mich schon Geld scheffeln und wünschte mir, dass ich mich in ein paar Jahren zurücklehnen könnte. Ich träumte von einem großen Haus am Strand und einem genussreichen Leben.

Am Flughafen Phuket erwarteten mich bereits Noppy und ihre Familie. Während der Fahrt saß ich mit Rambo auf der Rückseite des Pick-Ups und genoss den Ausblick. Nirgendwo auf der Welt fühlte ich mich mehr zuhause als hier auf meiner Insel.

Am nächsten Morgen drängte mich Noppy, alleine mit ihr zum Frühstück an den Strand zu fahren, und ich wusste sofort, dass sie mir etwas Wichtiges mitteilen wollte. Ich konnte es ohnehin kaum abwarten, an den Strand zu gehen, so machten wir uns gleich auf den Weg und fuhren mit dem Motorrad ans Meer.

Wir saßen am Strand, genossen ein feines Frühstück und ich ließ meinen Blick gelassen über das tosende Meer schweifen. Dann endlich berichtete mir Noppy, dass sie von einer Familie aus Italien ein sehr interessantes Angebot für ein Projekt in der Sport- und Fitnessbranche erhalten habe und sehr gerne nach Italien reisen wollte. Ich wusste im ersten Moment nicht, wie ich darüber denken sollte, und versuchte beim Schwimmen im erfrischenden

Wasser meine Gedanken zu ordnen. Ich selbst würde in Zukunft stark mit den Vorbereitungen für die Fischfarm beschäftigt sein und das Gefühl ließ mich nicht los, dass Noppy das Angebot annehmen sollte.

Sie freute sich sehr, als ich ihr mitteilte, dass sie mit meiner Unterstützung rechnen konnte, und war voller Vorfreude, das vor ihr liegende Abenteuer endlich anzutreten. Nun, da diese Entscheidung getroffen war, machten wir erst einmal eine Inselrundfahrt mit dem Motorrad und ließen die Sonne unsere Gesichter erwärmen. Abends besprachen wir bei einem ausgiebigen Mahl die weiteren Schritte.

Am darauffolgenden Tag traf ich mich mit Frank Rohrbach und Dr. Ludvic. Während unseres Treffens gingen wir nochmals ins Detail und planten jeden Schritt meines eigenen Projekts genauestens durch.

Um mich rechtlich abzusichern, eröffnete ich eine Firma bei Noppys Onkel Sawat in Bangkok. Nachdem Rohrbach den zweiten Teil der abgemachten Summe bezahlt hatte, konnten wir mit den Vorbereitungen beginnen.

Mittlerweile war es Ende Oktober und unser Fischbrutbetrieb befand sich im aufgefrischten Zustand und wartete auf die Muttertiere. Auf dem Festland mieteten wir noch eine Zucht-Farm dazu und organisierten zusätzliche Mitarbeiter.

Für meine Freunde hatte ich jetzt keine Zeit mehr, denn die Arbeit auf der Farm hatte nun höchste Priorität. Das Einzige, was ich mir nicht nehmen ließ, waren mein Fitnesstraining und die abendlichen Schwimmrunden im Meer.

Dr. Ludvic kannte sich auf den Andamanen-Inseln bestens aus und wusste genau, wo geeignete Garnelen für die Zucht in der Natur zu finden waren. Die von uns angeheuerten Schwammtaucher fingen die Kuruma-Garnelen lebendig auf dem Meeresboden ein. Danach konnten wir die Muttertiere in die vorbereitete Brutstätte einsetzen.

Dr. Ludvic gab den Garnelen ein spezielles von ihm entwickeltes Hormon, das den Laich-Prozess intensivierte. Bereits zwei Tage später laichten die Tiere und Tausende von kleinen Garnelenlarven schwammen in den Becken herum.

Die Futterrationen und zusätzlichen Pharmaprodukte durften in den ersten Tagen nur von Dr. Ludvic persönlich verabreicht werden. Er behandelte die kleinen Tiere wie Juwelen und wachte manchmal Tag und Nacht über sie.

In der Zwischenzeit hatte Noppy ihr Visum für Italien erhalten, sie hatte alles Nötige für die Reise vorbereitet, ihr Koffer war gepackt und der Flug stand kurz bevor. So ließ ich es mir nicht nehmen und begleitete sie nach Bangkok, wo wir in einem schicken Nobelhotel übernachteten.

Dort trafen wir das italienische Paar, der Mann ein erfolgreicher Bauunternehmer, für seine Frau wollte er mehrere First-Class-Fitness-Clubs in Italien eröffnen. Das Paar war sehr offen und freundlich und doch ließ mich ein ungutes Gefühl nicht los, das ich anfangs nicht begründen konnte. Als ich später mit diesem Herrn Girone alleine an der Bar saß und wir uns gemeinsam einen Drink genehmigten, versicherte er mir, dass er und seine Frau sich um Noppy kümmern würden. Er erläuterte mir noch einmal die Details seines Angebotes.

Mich irritierte jedoch das überaus hohe Gehalt und die Tatsache, dass das Paar Noppy kostenlos eine eigene Penthouse-Wohnung zur Verfügung stellen wollte. Etwas an diesem Mann kam mir nicht ehrlich vor und mein Misstrauen ihm gegenüber wuchs im Laufe des Abends immer mehr. Als er mir die Hand reichte, wie um einen Handel abzuschließen, schenkte ich seiner ausgestreckten Hand keine Beachtung und ließ meine eigene in der Hosentasche. Ich blickte ihm ruhig in die Augen und sagte ihm ohne Umschweife, dass ich ihm nicht trauen würde. Er lächelte süffisant und meinte: »Komm schon, mein Freund!«

Da Noppy nicht das ganze Gespräch mitbekommen hatte, verstand sie mein Misstrauen nicht und schämte sich, weil ich plötzlich distanziert und unhöflich war.

Noppy verlangte, dass ich mich bei ihm entschuldigte, und auch meine Erklärungen, dass mein Bauchgefühl mir sagte, dass diesem Typen nicht zu trauen war, half nicht, die Situation zu entspannen. Der Rest dieses letzten gemeinsamen Abends war dann leider entsprechend ruhig und enttäuschend.

Am nächsten Morgen flog Noppy mit Frau Girone nach Rom. Der Abschied fiel uns sehr schwer. Jahre zuvor hatten wir davon geträumt, einmal gemeinsam bei ihrem Onkel im Hotel zu arbeiten, jetzt hatten wir unterschiedliche Wege eingeschlagen. Ich hatte meine Fischfarm und Noppy ihr Angebot in Italien.

Bereits am folgenden Tag war ich wieder auf meiner Farm. Unser Familienhund Rambo spürte Noppys Abwesenheit und war ab diesem Moment stets an meiner Seite und begleitete mich auf Schritt und Tritt, was immerhin ein kleiner Trost für mich war. Wenige Wochen später wurden die kleinen Garnelen in der Zucht-Farm auf dem Festland eingesetzt.

Da Noppy nun weg war, traf ich mich wieder häufiger mit meinen Freunden Ricky, Mike und Tom. Bei Mike und Tom schien alles beim Alten geblieben zu sein, Ricky hatte Baupläne und stand vor einem großen Projekt. Als ehemaliger Banker kannte er sich mit Finanzen bestens aus. Er schaffte es immer wieder, aus wenig mehr zu machen, und viel Besitz zu erwirtschaften, war für ihn ein wichtiges Lebensziel.

Er besaß bereits ein Haus und so zog ich bei ihm als Untermieter ein. Ich war mit meiner Fischfarm und er mit seinem Bauprojekt beschäftigt. Morgens nahmen wir uns ab und zu Zeit für einen gemeinsamen Kaffee, tauschten uns aus und konzentrierten uns wieder auf unsere Projekte.

Nach fast drei Monaten war die Arbeit auf der Farm nur noch reine Routine und wir warteten geduldig auf den großen Fang.

Eines Abends spazierte ich mit Rambo gemütlich durch die Farm und schaute bei der Fütterung zu. Im Hintergrund hörte man aus der Ferne das vertraute abendliche Konzert aus dem Dschungel und es schien alles sehr friedlich zu sein. Am darauffolgenden Morgen fuhr ich früher als gewohnt zur Arbeit, denn ich wollte den Sonnenaufgang genießen. Es herrschte absolute Stille und die Sonne brach in ihrer majestätischen Pracht über dem Meer hervor.

Nach diesem grandiosen Schöpfungsgottesdienst ging ich mit Rambo am Strand entlang, Richtung Farm. Als wir gerade am Becken vorbei spazierten, hielt ich für einen Moment erschrocken den Atem an.

Ich war geschockt. Eine dichte Decke toter Garnelen trieb auf der Wasseroberfläche. Ohne lange nachzudenken, lief ich, so schnell ich konnte, zurück zum Auto und fuhr in rasendem Tempo zu unserer Brutstätte, wo Dr. Ludvic wohnte. Er musste mir sofort angesehen haben, dass etwas nicht stimmte, denn er ließ gleich alles liegen und kam mir entgegen. Ich schilderte ihm rasch, was ich entdeckt hatte, und zusammen fuhren wir im gleichen Tempo zu der entsprechenden Stelle zurück. Am Beckenrand standen bereits einige Mitarbeiter und starrten hilflos auf die toten Tiere.

Dr. Ludvic nahm sofort Wasserproben und lief eilends in das kleine Labor neben dem Haupthaus. Nach etwa zwei Stunden kam er mit gesenktem Blick aus dem Labor und berichtete, dass das Wasser mit großer Wahrscheinlichkeit von einer Überdosis Biozide vergiftet worden war.

Wir gingen zusammen an die Pumpstation, welche am Strand nebenan stand. Nicht unweit der Station entdeckten wir zwei leere Kanister. Dr. Ludvic roch daran und fluchte, was das Zeug hielt. Es schien sich um hochprozentiges Pflanzenschutzmittel zu handeln, was wahrscheinlich bedeutete, dass jemand das Wasser und die Garnelen mit Absicht vergiftet hatte.

Ich gab meinen Mitarbeitern den Auftrag, die toten Garnelen an der Sonne trocknen zu lassen und danach zu verbrennen. Das Wasser ließen wir im Becken verdunsten, denn es durfte auf keinen Fall ins Meer gelangen. Dr. Ludvic übernahm die Aufsicht dieser Abläufe in den nächsten Tagen und seine schlechte Laune verängstigte die Mitarbeiter sehr. Nach intensiven Aufräumarbeiten waren wir alle müde und ziemlich mutlos.

Der Traum vom vielen Geld und einem gesicherten Einkommen war dahin. Drei Tage nach der Katastrophe besuchte ich Frank Rohrbach und überbrachte ihm die schlechte Nachricht. Nach kurzer Unterhaltung blickte er mich streng an und meinte, dass ich ihm das von ihm investierte Geld zurückzahlen müsste, worüber ich aber anderer Meinung war. Wir stritten uns und ließen heftige Worte fallen. Als ich wütend das Büro verließ, ging er mir nach und rief Drohungen aus. Ich war jedoch zu müde, mich weiter mit ihm auseinander zu setzen, und fuhr wieder auf die Farm zurück.

Als ich auf der Farm ankam und das Büro betrat, lag ein Brief neben dem Labortisch, mit der Aufschrift: »An meinen Freund René«. Im Brief standen nur wenige Worte: »Es tut mir leid, mein Freund, bitte verzeih mir, Dr. Ludvic.«

Ich stand alleine vor dem ganzen Scherbenhaufen und mein einziger treuer Begleiter war in diesem Moment nur noch mein Schäferhund Rambo. Mit ihm verweilte ich die ganze Nacht über am Strand, bis in die frühen Morgenstunden hinein. Am nächsten Tag war ich nach langer Zeit wieder mal bei meiner Thai-Familie und berichtete ihnen von den Geschehnissen. Die Arbeiter mussten wieder nach Hause zurückkehren und beide Farmen musste ich schließen. Ich stand immer noch vor einem Rätsel und erhoffte mir eine Antwort.

Es kam mir vor wie ein Albtraum, alles verlief entgegen meinen Vorstellungen und meine Träume waren dahin. Von Dr. Ludvic hörte ich gar nichts mehr und ich fing mit der Zeit an, mir Sorgen um ihn zu machen. Einige Tage lang suchte ich nach ihm, doch es schien, als hätte er sich in Luft aufgelöst.

Ich meldete mich bei Ricky und meiner Familie ab und fuhr mit meinem Motorrad auf das Festland hinaus nach Takua Pa. Einige Tage und Nächte spazierte ich nur am Strand und grübelte nach. Wer konnte mir eine Antwort auf all meine Fragen geben? Tage später war ich zurück auf der Insel Phuket und suchte wieder vergeblich nach Dr. Ludvic.

Dann erinnerte ich mich an meinen Freund und Helfer Khun Jaroon. Ich besuchte ihn auf seiner Amtswache und erklärte ihm die Situation mit Dr. Ludvic. Khun Jaroon notierte sich einige Informationen zu seiner Person und versprach mir, ihn zu suchen. Nach einem gemeinsamen Mittagessen ließ ich ihn arbeiten und verließ ihn.

Kaum war ich durch meine Haustür getreten, klingelte das Telefon und ich hörte am anderen Ende die mir so vertraute Stimme von Noppy, die mittlerweile durch ihren Bruder Pui die Schreckensmeldung erhalten hatte.

Als ich von ihr wissen wollte, ob die Familie Girone gut zu ihr sei, brach sie sofort in Tränen aus. Ich hatte es bereits geahnt, und meine Befürchtungen wurden wahr, als mir Noppy unter Schluchzen alles erzählte: Dieser undurchsichtige Mr. Girone wollte sie sexuell ausbeuten. Ich versprach Noppy, so schnell wie möglich zu ihr nach Italien zu kommen.

Alles schien aus dem Ruder zu laufen. Ich hatte das Gefühl, dass alles, was in meinem Leben nach etwas Gutem ausgesehen hatte, sich in etwas Schlechtes verwandelte. Ich hielt es im Haus nicht mehr aus, lief zum Strand und schrie zum Himmel: »Wo bist du, Gott? Warum ist mein Leben so aus der Bahn geraten?« Ich konnte diesen Girone und sein Grinsen vor meinem inneren Auge sehen. Ich hatte eine immense Wut im Bauch und all die Geschehnisse der letzten Tage brachen nun über mich, fielen mit ihrer ganzen Last auf mich und erdrückten mich schier.

Ich fühlte mich so ohnmächtig und hilflos den Launen meines Lebens unterworfen, dass ich anfing zu weinen.

Meine Knie ließen unter mir nach und ich fiel in den Sand. So gebeugt, schlug ich immer wieder heftig mit der Faust in den Sand und schlug meine ganze Wut hinein. Nach einer Weile wurde ich so müde, dass ich erschöpft am Strand einschlief.

Am nächsten Morgen wachte ich müde auf und fühlte mich schon ein wenig entspannter. Meine Gedanken waren etwas zur Ruhe gekommen.

Als ich mich wieder auf den Heimweg machte, traf ich auf Ricky und erzählte ihm meine ganze Geschichte und was in den letzten Tagen alles geschehen war. Er schüttelte bestürzt den Kopf und war ebenfalls den Tränen nahe, da er selbst auch in Schwierigkeiten steckte.

Die thailändische Bauaufsichtsbehörde verlangte von ihm eine beachtliche Summe Geld, ohne welche der Bau gestoppt werden musste. Die Beamten waren korrupt und lebten ganz gut von den Sondereinnahmen. Ohne viel zu überlegen, versprach ich Ricky, zu helfen. Noch am selben Tag ließ ich mir 25 000 Dollar von meiner Bank aus Singapur überweisen und gab sie Ricky als zinsloses Darlehen.

Drei Tage später landete ich mit der Alitalia auf dem Flughafen in Mailand. Gleich hinter dem Zollausgang wartete Noppy auf mich. Wir fielen uns gleich in die Arme und sie brach in Tränen aus. So blieben wir eine Zeitlang einfach mitten auf dem Flur und inmitten der Menschen, die um uns herumgingen, stehen und hielten uns still und schweigend in den Armen.

Danach saßen wir in einer Kaffeebar, wo wir für einige Stunden im Gespräch vertieft waren. Unter dem Tisch ballte ich immer wieder die Fäuste zusammen und machte mir Gedanken, wie gut es sich anfühlen würde, diese mit voller Wucht in Girones Gesicht zu schlagen.

Im Zentrum von Mailand nahm ich mir ein Hotelzimmer und Noppy ging zurück in ihr Penthouse. Ich war müde und ausgebrannt von den letzten Ereignissen und genoss die Ruhe und Zeit für mich alleine, um wieder auftanken zu können.

Am nächsten Tag spazierten wir durch Mailands Innenstadt, genossen gemeinsam gutes Essen und machten ausgiebige Shopping-Touren. Die Abwechslung tat uns beiden sehr gut und unsere Lebensfreude und unser Lachen kehrten langsam wieder zurück.

Noppy nahm eine Woche Urlaub und wir fuhren gemeinsam nach Venedig, wo uns bereits meine Freunde Marco und Denise erwarteten. Beide freuten sich sehr über unseren Besuch und wir durften in ihrem schönsten Gästezimmer schlafen.

Auf der Ferieninsel Lido mieteten wir Fahrräder und radelten auf der ganzen Insel umher, wenn wir nicht gerade zu Fuß in der Innenstadt unterwegs waren. Ich rief immer wieder mal in Thailand an und forschte nach Dr. Ludvic, der aber unauffindbar blieb.

Noppy beschloss, ihren Job zu kündigen und mit mir nach Wien weiter zu reisen. Nach einer gemeinsamen Woche in Venedig fuhren wir wieder zurück nach Mailand. Mittlerweile hatte sich in der Stadt einiges verändert. Girone war über Nacht verhaftet worden und saß in Untersuchungshaft.

Die italienischen Medien berichteten von Steuerhinterziehung und Bestechungen. Auf jeden Fall wäre er mir einige Nummern zu groß gewesen und es war sicher gut für mich, dass ich ihm nie mehr gegenüberstehen musste.

Durch die Unterstützung meines Wiener Freundes Wolfgang bekam Noppy sehr schnell ein österreichisches Visum. In Wien angekommen, mieteten wir uns ein familiär geführtes Langzeitappartement in der Innenstadt und wir nutzten die ersten Tage, damit ich Noppy die vielen Sehenswürdigkeiten Wiens zeigen konnte, und ich machte sie auch mit meinen Freunden bekannt. Wir schmiedeten neue Pläne und entschlossen uns, dass wir einige Zeit in Wien bleiben wollten.

Noppy bekam einige tolle Jobs und unterrichtete Aerobic in namhaften Fitnesscentern. Durch ihr professionelles Auftreten hatte sie sich in der Wiener Fitnessbranche sehr rasch einen guten Namen gemacht.

Abends traf ich mich wieder häufiger mit meinen alten Freunden aus der Wiener Szene. Martin, der Wiener-Heinzi und Thomas waren immer noch in den gleichen Etablissements anzutreffen. Thomas und ich waren jetzt wieder auf nächtlichen Touren in Wien unterwegs und besuchten einen Club nach dem anderen.

Eines Abends besuchte ich mit Noppy den Beach Club auf der Donauinsel. Als wir an der Bar standen, kam die Managerin Gerda aus dem Büro gelaufen und machte mir bei einem gemeinsamen Drink das Angebot, den alten Job des Vorjahres wieder zu übernehmen. Schon am nächsten Abend stand ich im Beachclub und machte meine mir noch gut vertraute Arbeit des Vorjahres im Sicherheitsdienst.

Durch die guten Kontakte im Wiener Milieu konnte ich Noppy ein Jahresvisum besorgen, was mich gerade mal eine Flasche Champagner kostete.

Noppy und ich lebten zwar unter der Woche sehr verschiedene Leben und sahen uns aufgrund unserer unterschiedlichen Arbeitszeiten wenig, aber es störte uns kaum. Ich hatte meine Freiheiten und sie war sehr engagiert. Wir blieben bis Anfang November in Wien und reisten danach gemeinsam für einige Monate zurück nach Phuket. Spätestens im April wollten wir wieder zurück in Wien sein.

KAPITEL 10

GOOD-BYE VIENNA

E s war der 1. Dezember 1992, als wir gemeinsam auf dem Flughafen Phuket landeten.

Noppys Familie erwartete uns und wie immer kochte unser Familienoberhaupt Khun Phoo sein traditionelles Fischessen. Jetzt, da ich wieder zu Hause war, kamen die Sorgen über die ungeklärte Situation mit Dr. Ludvic mit einem Schlag zurück und ich wusste, ich würde keine Ruhe finden, bis ich die Farm besuchen würde. Leise und ohne mich zu verabschieden, holte ich Rambo und setzte mich mit ihm in den alten Pick-Up.

Ich parkte vor der Farm und ging gleich zum Hauptgebäude. Die alten Futtersäcke aus Plastik lagen noch an demselben Ort wie Monate zuvor. Der leichte Nordwind brachte den Kautschukgeruch aus den Wäldern zum Strand – und irgendwie fühlte sich das Areal geisterhaft an.

An der Pumpstation vorbei führte der Weg zum Strand. Hier genoss ich den offenen Blick aufs Meer und blieb bis zum Sonnenuntergang. An meiner Seite lag entspannt Rambo und schnaufte vor sich hin. Es vergingen Stunden, bis mich die noch ungewohnte Hitze dazu bewegte, den schönen Ort wieder zu verlassen. Irgendwie tat es mir gut, nochmals auf der Farm zu sein. Und die ganze Zeit ließ mich der Gedanke an Dr. Ludvic nicht los.

Auf der Fahrt zurück nach Phuket Stadt machte ich einen Abstecher und besuchte Khun Jaroon auf der Polizeiwache. Kaum stand ich in seinem Büro, jubelte er vor lauter Freude so laut, dass sein Kollege mit gezogenem Revolver hereinstürmte. Als wir uns umarmten, steckte dieser jedoch die Waffe, Gott sei Dank, wieder ein.

Khun Jaroon bestellte Kaffee und ein überaus reichliches thailändisches Frühstück für uns. Wie so oft unterhielten wir uns über den deutschen Fußball und BMWs.

Nach langem Gerede packte Khun Jaroon aus und lieferte mir die neuesten Informationen über Dr. Ludvic, auf die ich gewartet hatte. Laut seinen Aussagen wurde Ludvic von der internationalen Polizei gesucht.

Da Dr. Ludvic mit einer thailändischen Frau verheiratet war und mit ihr eine Tochter hatte, stand er sozusagen unter einem besonderen Schutz. Nur bei Mord würde die thailändische Justiz handeln und ihn ausliefern. Laut den Informationen von Jaroon veruntreute Dr. Ludvic mehrere Millionen von inländischen und ausländischen Investoren. Khun Jaroon vermutete stark, dass die Wasservergiftung ein Racheakt gegen ihn gewesen war.

Nach dem Besuch von Jaroon fuhr ich weiter an die Patong Beach. Dort suchte ich meinen Freund Ricky auf, der mittlerweile seine Bar und Geschäftsstraße inklusive einer Diskothek fertig gebaut und bereits ausverkauft hatte. Anstatt in kurzen Hosen oder in Jeans traf ich ihn jetzt in Anzug und Krawatte an. Er freute sich über mein Kommen und gleich nach dem österreichischen Servus und einer Umarmung führte er mich in seinem neuerbauten Reich herum und zeigte mir alle seine Geschäfte.

Danach gingen wir zurück in sein Büro und tranken einen Cognac der teuersten Sorte. Ricky schloss seinen Safe auf und übergab mir die von mir geliehenen 25 000 Dollar in bar. Rickys Geschäft blühte und er verdiente sich eine goldene Nase. Als ehemaliger Banker passte dies auch alles bestens zu ihm.

Der Verlust der Fischfarm war für mich fast verarbeitet, ich wollte nur noch mit Frank Rohrbach einige Dinge klären. In den folgenden Tagen besuchte ich ihn in seinem Büro, um alles abzuschließen.

Doch die Gründe des Verlustes interessierten ihn überhaupt nicht und er verlangte nur ständig von mir sein investiertes Geld in gesamter Höhe zurück. So kam es während des Gesprächs erneut zum Streit. Ich verließ sein Büro und sofort warf er mir harte Drohungen nach und drohte, dass ich in Zukunft aufpassen solle, wenn ich nachts unterwegs sei. Als ich mich umdrehte und auf ihn zulief, rannte er in sein Büro und schloss sich ein.

Zu seinem Glück blieb die Türe verschlossen. Die Büroangestellten informierten das Sicherheitspersonal, welches mich unten an der Türe in Empfang nehmen sollte. Als sie meinen Gesichtsausdruck sahen, machten sie jedoch gleich einen Schritt zurück.

Noch am gleichen Abend besuchte ich meinen Freund Mr. Jong und seine Freunde. Mr. Jong kassierte in Zusammenarbeit mit der Polizei Schutzgelder – was zum damaligen Zeitpunkt ziemlich normal war.

Als ich Mr. Jong erzählte, dass Rohrbach mir gedroht hatte, lachte er nur. Er teilte mir mit, dass Rohrbach ihm bereits Geld angeboten hatte, um mich aus dem Weg zu schaffen. Was Rohrbach nicht wissen konnte, war, dass ich schon seit Jahren mit Mr. Jong und seinen Jungs befreundet war.

Einer seiner Jungs schlug vor, Rohrbach zu erschießen und ins Meer zu werfen, was ich aber sofort ablehnte. Ein Menschenleben war in Thailand nicht viel wert. Für zweihundert Dollar konnte man leicht jemanden eliminieren lassen. Eigentlich erwartete ich von Rohrbach bloß eine Entschuldigung für sein Drohen. Die Jungs von Mr. Jong besuchten Rohrbach, worauf er mich aufsuchte und sich noch in derselben Nacht bei mir entschuldigte.

Die folgenden Tage verbrachte ich mit Noppy und ihrer Familie. Wir fuhren in den Süden, zu den Ländereien von Khun Phoo, besuchten Nationalparks und fast menschenleere Strände. In den südlichen Provinzen Thailands war es nicht gerade an der Tagesordnung, dass ein Ausländer zu Besuch war. So war ich wie ein Hahn im Korb und genoss die thailändische Gastfreundschaft in vollen Zügen. Es gab Essen vom Allerfeinsten und die für mich atemberaubende Natur, die mich einfach immer wieder faszinierte.

Das Einzige, was mich nervte, war, dass Khun Phoo den Pick-Up fuhr und mit Bleifuß das Gaspedal durchdrückte. Ich hielt fast die ganze Zeit über die Luft an. Wenn ich ab und zu laut wurde und ihn anschrie, lachten alle nur und sagten: »No problem, René!«

Zurück auf Phuket waren auch schon wieder meine beiden Freunde da: Marco und Denise waren in ihrem gewohnten Zuhause »Happy Hut« anzutreffen. In den darauffolgenden Wochen unternahmen wir gemeinsame Motorradtouren und verbrachten unzählige Stunden am Strand. In so machen Stunden erwachte in mir mein Kindheitstraum, dass ich eines Tages auf einer Insel leben und einen Schatz finden würde. Tief im Inneren spürte ich, dass dieser Wunsch einmal in Erfüllung gehen würde, wie auch immer dieser Schatz aussehen mochte. Auf diesen Schatz wartete ich schon so lange und ich würde nicht aufgeben, bis ich ihn gefunden hätte.

Mit Tom und Mike war ich hin und wieder mal auf nächtlichen Touren unterwegs. Ricky hatte jetzt keine Zeit mehr, der war jetzt mit seinem Business beschäftigt. Bei meinem alten Freund Horst, dem Kneipenbesitzer, machten wir oft mal Halt. Er war der Inbegriff der deutschen Zeitung auf der Insel und seine Frikadellen mit selbstgemachtem Brot waren einfach unwiderstehlich. Die Wochen vergingen und es war für Noppy und mich an der Zeit, dass wir von unseren Freunden und ihrer Familie Abschied nahmen und zurück nach Wien flogen.

In unserem gemieteten Appartement in Wien fühlten wir uns sogleich auch wieder zu Hause. Meine beiden Freunde, Wolfgang und Dieter, waren für mich wie Schlüsselfiguren und die Hauptmotivation, immer wieder nach Wien zu kommen.

Ich war mit sehr unterschiedlichen Leuten der Gesellschaft vernetzt: Mit Wiener Polizeibeamten, Prostituierten, Zuhältern und Geschäftsleuten, bis hin zu den Lebenskünstlern, zu denen ich mich eigentlich selbst zählte.

Noppy war in der Wiener Fitnessbranche bestens bekannt und wurde mit Aufträgen überhäuft. Da sie beruflich so stark engagiert war, konnte ich meine Freiheit in vollen Zügen genießen und mich mit meinen Wiener Strizzis nachts verabreden. Meistens war ich mit Thomas unterwegs, welcher – wie gewohnt – den Schutz seines großen Bruders Harry genoss.

Dank Thomas' Beziehungen erhielt ich in einem renommierten Club einen topbezahlten Job als Türsteher und Gästebetreuer. Meine Aufgabe bestand darin, anwesend zu sein und mich um das Wohl der Gäste zu kümmern. Der Club wurde von namhaften Schauspielern, Sängern und der oberen Schicht der Wiener Szene besucht. Die Türe war stets geschlossen und man kam nur mit Voranmeldung oder mit einem teuren Clubschlüssel hinein.

Einer der Stammgäste war Falco, welcher Jahre später bei einem Autounfall ums Leben kam. Falco und ich freundeten uns mit der Zeit an. An der Hausbar nahmen wir uns Zeit, um zu quatschen, und philosophierten oder tauschten Lebensweisheiten aus. Er war ein sehr zurückhaltender und introvertierter Mensch. Auf der Bühne ein Weltstar, im täglichen Leben jedoch sehr einsam.

In manchen Nächten war die Theke an der Bar mit Kokain zugepudert, das Zeug lag für jeden zur freien Verfügung herum. Mir wurde klar, dass der Club nicht vom Verkauf der Getränke leben konnte. Es war eine reine Geldwaschmaschine und zugleich eines der teuersten Bordelle Österreichs.

Eines Abends besuchte mich Thomas' Onkel Franzi mit zwei Mitarbeitern an der Seite. Obwohl ich mittlerweile selbst etwas Wiener Dialekt sprach, musste ich bei seiner Redensart genau-

estens hinhören. Als er eine Weile bei mir stand, bat er um ein
Gespräch unter vier Augen. Hinter der Bar flüsterte er mir ins
Ohr, dass ich meinen Job heute noch kündigen sollte. Als ich von
ihm wissen wollte, weshalb, gab er mir zur Antwort: »Kündigen
hab i gsagt, Burli, net fragen.«

Ich hatte nicht die leiseste Ahnung, was er meinte ,und verstand nur Bahnhof. Also rief ich kurzerhand Thomas an und
bat ihn, rasch vorbei zu kommen. Ich erzählte Thomas von dem
Besuch seines Onkels und wunderte mich, was Onkel Franzi mit
seiner Aussage meinen würde. Thomas erklärte mir, dass wenn
Onkel Franzi so etwas gesagt hatte, ich es auch besser tun sollte.
Ich hörte auf seinen Ratschlag und kündigte meinen Job gleich
am nächsten Abend.

Wochen später gab es im Club eine Polizeirazzia. Einige Mitarbeiter und auch der Besitzer kamen in Haft. Es dauerte nicht
lange und eine neue Tür ging für mich auf. Pit Hellmann, ein
Freund von Wolfgang, suchte einen vertrauenswürdigen Partner
für einen Verkaufsstand in Salzburg.

Seinen Aussagen nach konnte man gutes und schnelles Geld
verdienen. Ich überlegte nicht lange und wir beide teilten uns
den Job. Ich arbeitete von Montag bis Donnerstag und Pit Freitag bis Sonntagabend. Pit hatte einen T-Shirt-Handelsbetrieb in
Wien und wir verkauften täglich hunderte mit Mozart bedruckte
T-Shirts an Touristen aus aller Welt.

Zurück in Wien übernahm ich an den Wochenenden meinen
alten Job im Beachclub. Durch den Doppelverdienst konnte ich
einiges an Geld ansammeln und auf die Seite legen.

Gleich neben unserem Stand war ein alteingesessener Brezelstand, welcher seit Jahrzehnten von einer Familie geführt
wurde. Man munkelte, dass die Familie durch den Stand sehr
reich geworden war.

Eines Morgens, als der Standbesitzer gerade alleine bei der
Arbeit war, hörte ich, wie ein junger Herr mit ihm stritt. Als ich
hinüberschaute, sah ich, wie dieser in die Kasse greifen wollte.

Ich zögerte nicht lange und rannte hinüber, packte den jungen Mann am Arm und drückte ihn auf den Boden.

An seinen zerstochenen Armen konnte ich erkennen, dass er drogenabhängig war. Ich gab ihm noch einen heftigen Tritt in den Hintern und ließ ihn wieder laufen. Danach kümmerte ich mich um den älteren Herrn, bis einer seiner Mitarbeiter zurückkam. Er bedankte sich für mein Eingreifen und nach diesem Ereignis freundeten wir uns etwas an. Er galt als ein rauer Mann und war auf dem Platz bei den anderen Standbesitzern nicht so beliebt.

Es war mittlerweile Ende Juli. Noppy und ich beschlossen, ein paar Tage Ferien am St. Wolfgangsee zu verbringen. Finanziell ging es mir ja gut. Ich hatte ein Gelddepot in Singapur, die 25 000 Dollar Rückzahlung von Ricky und einiges an Geld auf der Seite durch meinen Zusatzverdienst.

Wir sprachen über das Hin- und Herpendeln zwischen Thailand und Wien. Irgendwie wollte ich wieder zurück nach Thailand reisen, um mir dort eine solide Existenz aufzubauen. Ich hatte seit Wochen immer wieder die Idee, dass wir an der Patong Beach eine Brezelbäckerei mit einem Stand eröffnen könnten. Die Sache mit dem Brezelstand des Nachbarn hatte mich inspiriert. Noppy war von meiner Idee auf Anhieb begeistert. Nach zwei Wochen intensiven Nachdenkens entschlossen wir uns, das Projekt Brezelbäckerei zu starten.

Am Brezelstand arbeitete ein ehemaliger Bäckermeister, der durch diesen Zusatzverdienst seine Rente aufbesserte. Eines Abends lud ich ihn zum Essen ein. Ich erzählte ihm von meiner Idee und dass ich vorhätte, eine Brezelbäckerei in Süd-Thailand zu eröffnen. Während des Gesprächs fragte ich ihn ganz offen, ob er mir Tipps zum Brezelbacken geben könnte.

Als ich ihm 1 000 Schilling unter den Bierdeckel legte, wurde seine Zunge lockerer. In den nächsten paar Wochen trafen wir uns immer wieder und ich notierte mir alle seine Tipps. Einige Treffen und etliche Bier später hatte ich eine sehr wertvolle und traditionelle Rezeptur in der Hand.

Ich rief meinen Freund Ricky in Phuket an, erzählte ihm von der Geschäftsidee und bat um einen Verkaufsplatz an der Frontseite. Nach kurzer Unterhaltung willigte er ein und reservierte mir den Platz. Seine Geschäftsstraße war in absolut bester Lage und im Zentrum des Geschehens, wo praktisch jeder Tourist vorübergehen musste. Noppy und ich ließen uns von dem Plan einer eigenen Brezelbäckerei nicht mehr abbringen.

Bei meinen Wiener Strizzis und in der Szene verabschiedete ich mich alleine, ohne Noppy dabei zu haben. Thomas konnte ich leider nicht mehr antreffen, da die Polizei nach ihm fahndete, wegen schwerer Körperverletzung und anderen Delikten. Man vermutete, dass er für eine Weile in Budapest untergetaucht war.

In der letzten Nacht vor der Abreise fuhr ich alleine auf den Kahlenberg. Von oben blickte ich auf die Donaumetropole Wien, welche in unzähligen Lichtern erstrahlte. Irgendwie hatte ich das Gefühl, mein zweites Zuhause Wien für längere Zeit nicht mehr zu sehen. Es fiel mir nicht leicht. Good-bye Vienna.

KAPITEL 11

VIEL GELD

I n der ersten Novemberwoche 1993 landeten wir auf der Insel Phuket. Wenige Tage nach der Ankunft starteten wir mit den Vorbereitungen.

Unweit vom Touristenzentrum mieteten wir uns ein kleines Haus und bauten es in eine Backstube um. Der Backofen, die Teigmaschine und das gesamte Zubehör kauften wir bei einem Großhändler in der Stadt ein. Binnen einer Woche hatten wir eine funktionstüchtige Küche und konnten mit den ersten Backversuchen beginnen. Das Rezept und die Tipps des Bäckermeisters aus Salzburg erwiesen sich als goldrichtig und waren eine große Hilfe.

Schon in der ersten Nacht waren die gefüllten Körbe mit Brezeln in wenigen Stunden ausverkauft. Am darauffolgenden Tag buken wir die doppelte Menge und auch da blieben nur noch Krümel am Boden der Körbe übrig. Noppy organisierte Angestellte, die zusätzlich auch tagsüber Brezel am Strand verkauften. Das Geschäft florierte. In der Hochsaison erreichten wir einen Tagesumsatz von über 1000 US-Dollar.

Nur zwei Monate nach dem Start belieferten wir zusätzlich Bars, Restaurants und zwei große Hotelketten. Pro Tag verarbeiteten wir zwischen 80 und 100 Kilogramm Mehl. Manchmal hatten wir kaum Zeit, die Einnahmen zu zählen, weil wir so viel zu tun hatten.

Uns hatte das Goldfieber gepackt: Tagein, tagaus wurde bis in die frühen Morgenstunden gebacken. Mittlerweile hatten wir extra große Gefriertruhen anfertigen lassen und konnten somit knapp 1000 Brezel-Teiglinge zwischenlagern.

Ich musste mit vier Stunden Schlaf täglich auskommen und mein Gesicht hatte fast dieselbe Farbe wie das Mehl angenommen. Eines Nachmittags kam Noppy mit einem nagelneuen Nissan Jeep angefahren und parkte ihn mir als Geschenk vor der Tür.

Dieser Kauf war der erste einer langen Reihe sinnloser Ausgaben von Noppy. Es entwickelte sich ein schwieriger Konkurrenzkampf zwischen uns: Ich wollte der Boss sein und sie wollte genauso bestimmen. Ich wollte das Geld bis zur Nebensaison sparen und Noppy verprasste es in vollen Zügen. Nach einigen Monaten bestand unsere Beziehung nur noch aus Streit.

Der Arbeitsstress und die unzähligen Diskussionen nahmen Höchstformen an und wir sprachen miteinander nur noch, um das Nötigste zu klären. Mittlerweile hatten wir vier Mitarbeiter in der Backstube zu je zwei Schichten, welche ich immer unter der Lupe haben musste. Denn sobald ich die Arbeiter alleine ließ, fand ich sie später schlafend oder auf der Terrasse liegend vor. Die »Goldmine« kostete mich einiges an Nerven.

An manchen Tagen arbeitete ich bis zu achtzehn Stunden durch. Legte ich mich hin, um zu schlafen, arbeitete mein Hirn stets weiter. Für den Strand und meine Freunde hatte ich jetzt keine Zeit mehr. Ab und zu trank ich ein Bier mit Ricky und wir unterhielten uns über Geschäfte. Er spielte bereits mit dem Gedanken, in das Geschäft mit einzusteigen, und in Bangkok eine Filiale zu eröffnen.

Es gab viele Tage, an denen ich mich nach dem Strand und der Sonne sehnte. Noppy und ich lebten uns immer mehr auseinander. Das Einzige, was uns noch zusammenhielt, war das Streiten und das leidige Geld. Tief in meinem Inneren erwachte wieder die Sehnsucht nach einem einfachen Leben auf einer ruhigen Insel.

Eines Abends bat ich Noppy um ein offenes und ehrliches Gespräch. Wir gingen zu unserem alten Restaurant am Strand, wo wir uns vor Jahren verliebt hatten. Noppy gab zu, dass sie sich mit dem Business nicht mehr identifizieren könne. Brot zu verkaufen, machte sie nicht glücklich. Auch ich musste offen und ehrlich zugeben, dass die Arbeit mich nicht erfüllte. Mir fehlte es an Freizeit und Sport und ihr ebenso. Wir nahmen uns vor, nach der Hauptsaison mehr Mitarbeiter einzustellen und so wieder mehr Zeit für uns zu haben.

Anfang Oktober begann die Regenzeit. Wir schlossen die Bäckerei bis Mitte Dezember. Ich vereinbarte mit Noppy, mich über die Regenzeit in das »Happy-Hut«-Resort zurück zu ziehen. Ich wollte mich von dem ganzen Stress erholen und einfach mal wieder alleine sein.

So richtete ich meine Hütte im »Happy Hut« mit dem Nötigsten ein. Die ersten Tage schlief ich wie ein Murmeltier und holte einiges an Schlaf nach. Vom Palmenhügel aus konnte ich direkt aufs Meer blicken und seinem Rauschen lauschen. Ich machte Pläne, weiter nach Australien, Neuseeland oder Afrika auszuwandern. Sollte ich die Bäckerei und Noppy einfach aufgeben? Viele offene Fragen schossen mir durch den Kopf.

Ich spazierte oft am Strand entlang und war auf der Suche nach neuen Zielen. Ich dachte oft an Kolumbus, der nicht in seinem Heimathafen bleiben wollte und wusste, dass die Welt mehr zu bieten hatte. Genau das wollte ich auch: Neues entdecken.

Ein bis zweimal die Woche besuchte ich Noppy und ihre Familie. Eines Abends redeten wir noch einmal über unsere Zukunft. Wir kamen beide zum Entschluss, dass wir uns trennen würden. Wir einigten uns über den Verkauf der Bäckerstube und die Aufteilung des Vermögens.

Wieder einmal hatte ich Glück im Unglück. Ich lernte einen Franzosen kennen, der lange Zeit als Chef de Patissier in Fünf-

Sterne-Nobelhotels gearbeitet hatte. Er zeigte großes Interesse
daran, die Bäckerei samt dem Inventar zu kaufen. Noppy und ich
überlegten nicht lange und verkauften ihm die Bäckerei.

Kurz nach der Regensaison suchte ich meine alten Freunde
Thomy und Mike auf. Beide waren jetzt an dem Punkt angekommen, wo sie nach neuen Möglichkeiten suchten und davon
sprachen, die Insel endgültig zu verlassen. Unsere Insel war nicht
mehr dieselbe, die wir einst kennen und lieben gelernt hatten.
Wo früher Wasserbüffel in den Reisfeldern grasten und uns mit
geheimnisvollem Blick beobachteten, sprossen jetzt Hochhäuser
und Hotels aus dem Boden.

Ich fing wieder an Sport zu treiben und machte ausgiebige
Motorradtouren. Durch das Herumfahren und Entdecken von
neuen Orten versuchte ich, die Trennung von Noppy und ihrer
Familie besser zu verarbeiten. An einem Nachmittag fuhr ich an
einen abgelegenen Strand nördlich des Sirinat Nationalparks von
Phuket. Ich entschied mich, eine Pause einzulegen und in einem
heruntergekommenen Restaurant am Strand etwas zu essen.
Kaum hatte ich das Gebäude betreten, hörte ich eine Stimme
mit englischem Akzent, die mich sofort erstarren ließ. Ich suchte
den Raum ab und erblickte tatsächlich an einem Tisch in der
Ecke meinen alten Freund Dr. Ludvic. An seinem Tisch saßen
zwei thailändische Geschäftsmänner und es schien, als wären die
beiden gerade drauf und dran, mit ihm ein Geschäft zu machen,
denn sie waren dabei, mehrere Blätter zu unterschreiben.

Ohne lange zu überlegen, ging ich raschen Schrittes zu dem
Tisch und stellte mich den Herren vor, dann ging ich direkt zur
Terrasse, wo ich auf Dr. Ludvic wartete.

Eine halbe Stunde später setzte er sich zu mir an den Tisch.
Der Blick, mit dem ich ihn nun bedachte, war nicht gerade der
freundlichste. Ich erwartete von ihm eine Erklärung. Dr. Ludvic
versuchte erst, auszuweichen, und erzählte mir unglaubwürdige
Geschichten, die eher den Verwicklungen und Intrigen eines

James-Bond-Filmes glichen, als den Begebenheiten eines realen Lebens.

Als ich ihm von meinem Freund Khun Jaroon, dem Polizisten, erzählte und ihm mitteilte, dass ich über seine Vergangenheit bestens informiert wäre, hörte er auf zu quasseln und wurde ganz still. Ich verlangte von ihm eine klare Antwort und mich nicht weiter mit Lügenmärchen abzuspeisen.

Nachdem er eine Weile geschwiegen hatte, gab er offen und ehrlich zu, dass die Fischfarm höchstwahrscheinlich von einem seiner Investoren vergiftet worden war. Aus Angst, sein Leben zu riskieren, war er eine Zeitlang auf der See-Zigeunerinsel Koh Sirae untergetaucht, die nordöstlich von Phuket lag.

Hier saß er mir gegenüber und ich hatte endlich auf die vielen Fragen eine Antwort erhalten. Dr. Ludvic war zu diesem Zeitpunkt bettelarm und konnte sich nicht einmal genug zu essen leisten. In den letzten Jahrzehnten hatte er unzählige Investoren in den Ruin getrieben und Millionen veruntreut.

Trotz allem hatte ich Mitleid mit ihm und brachte es nicht über mich, diesen alten Mann im Stich zu lassen. Während der nächsten Monate zahlte ich Dr. Ludvic Geld, um seinen Lebensunterhalt zu bestreiten. Irgendwie schaffte er es, wieder die Kurve zu kriegen, und fand neue Investoren, die Unmengen an Geld investierten. Jahre später starb Dr. Ludvic an Herzversagen. Doch zumindest für mich hatte sich an diesem Tag der Fall Dr. Ludvic erledigt und ich konnte ihn endlich zu den Akten legen.

Eines Morgens weckte mich der Hahn in aller Frühe. Ich ging hinaus auf meine kleine Terrasse und blickte zum Strand. Ich dachte gerade wieder mal über den Kneipenbesitzer Horst nach.

Nach einigem Überlegen traf ich eine Entscheidung und joggte den Strand entlang zu seiner Kneipe. Als ich vor seinem Lokal ankam, musste ich feststellen, dass es leergeräumt war. Über der Eingangstür hing ein Holzschild und mit schrägen Lettern stand darauf: »For Sale«. Ich fragte bei den Nachbarn nach und sie erzählten mir, dass Horst seit einigen Wochen an der Ao Yon Beach südlich von Phuket wohne.

Noch am selben Tag machte ich mich auf und fuhr an die Ao Yon Beach. Ich musste nicht lange suchen und erkannte bald sein altes Motorrad, das vor einem wunderschönen Holzbungalow abgestellt war.

Ich stellte mich vor sein Häuschen und rief laut seinen Namen. Sofort sprang die Tür auf und Horst kam auf die Terrasse gelaufen. Er freute sich sehr über mein Kommen und bat mich ins Haus.

Gemütlich rauchten wir Marihuana im Bambusrohr und erzählten uns alte Geschichten. Sein kleines Strandhaus war wunderschön gelegen, mit direktem Blick auf das Meer und die davor liegenden Inseln. Am frühen Abend legten wir uns frischen Fisch auf den Grill und tranken australischen Wein dazu. Kurz nach dem Essen spazierte der Landbesitzer vorbei und besuchte uns. Er war wohl ein neugieriger Bursche und wollte wissen, wer hier so lange auf Besuch war. So gesellte er sich zu uns und freute sich über den Tee, den Horst ihm anbot.

Als ich ihm sagte, dass dies der schönste Fleck der Erde sei, den ich bisher gesehen hatte, strahlte er wie ein Schneekönig. Er berichtete stolz, dass seine Vorfahren seit Generationen an dieser Bucht wohnten und vom Fischfang lebten.

Natürlich wollte ich wissen, ob er noch eine Hütte wie diese hätte, und freudig führte er mich einige hundert Meter weiter auf eine kleine Anhöhe. Dort präsentierte er mir eine alte, aber wunderschöne Hütte auf Holzpfählen und mit einer Terrasse.

Hinter der Hütte befand sich ein kleines Haus, das dazu gehörte, und zwischen den beiden Gebäuden war ein kleiner Innenhof mit eigenem Süßwasser-Brunnen. Unter der Hütte befand sich der Waschraum mit der Toilette.

Er führte mich auf das Terrassenplateau, wo sich zwei große Räume befanden. Rings um die Hütte standen Bananen-, Mango-

und Papayabäume. Von der Terrasse aus konnte man direkt auf den Strand und die davorliegenden Inseln blicken.

Der Besitzer machte mir das Angebot, das alles für 200 US-Dollar pro Monat zu mieten, was ich ohne zu zögern mit einem Handschlag besiegelte.

Horst und ich feierten meine Ankunft die halbe Nacht mit Wein. Nach Mitternacht ging ich hinüber in meine Hütte und schlief sofort auf dem Sofa ein, das auf der Terrasse stand.

Als ich am Morgen erwachte, wurde mir bewusst, dass sich endlich ein Kindheitstraum erfüllt hatte. Ich hatte ein wunderschönes Häuschen auf einer paradiesischen Insel an einem ruhigen Strand.

Horst erzählte mir später, dass einst ein alter Hippie meine Hütte gebaut hatte. Man munkelte über ihn, dass er irgendwo zurückgezogen lebte, die Bibel las, viel betete und bei den Bewohnern als ein bisschen verrückt galt.

Am späten Nachmittag fuhr ich wieder auf den Palmenhügel zu meiner Hütte im »Happy-Hut«-Resort und übernachtete dort zum letzten Mal, bevor ich mich in mein eigenes kleines Paradies zurückzog.

KAPITEL 12

MEIN STRANDHAUS UND GOTT

rgendwie fühlte es sich so an, als wäre mein neues Zuhause nur für mich gebaut worden. Ich stand mit meinen Sachen aus der alten Hütte vor meinem neuen Haus und empfand ein Gefühl, als wäre ich nach langer Zeit endlich zuhause angekommen. Das eine Zimmer auf dem Plateau machte ich zum Stauraum und lagerte dort alles ein, was ein Abenteurer wie Robinson Crusoe nicht brauchen konnte.

Im Hauptraum legte ich eine Matratze auf den Holzboden, hängte ein Moskitonetz darüber und stellte noch einen kleinen Tisch zum Schreiben daneben. Mit der Zeit wurde mir sogar das Musikhören lästig und mir genügte das Meeresrauschen und nachts der Urwaldgesang der Tiere. Mit jedem neuen Tag erwachte in mir neues Glück.

An manchen Tagen besuchte ich den nahe gelegenen Buddha-Tempel und verweilte dort zum Meditieren. Ich dachte oft über die Menschen nach, denen ich in meinem kunterbunten Leben schon begegnet war, und was aus ihnen geworden war. Ich dachte darüber nach, wie Menschen kamen und gingen und was sie hinterließen oder welches ihre Aufgabe auf dieser Welt war. Ich spürte den starken Wunsch, den Sinn des Lebens zu finden.

Ich konnte nicht glauben, dass wir alle einfach aus Zufall geboren wurden und starben und kein tieferer Sinn, kein Grund hinter allem steckte. Dass es gleichgültig war, wer ich war oder was ich tat. Als Kind hatte ich oft das Gefühl gehabt, vor meiner Geburt an einem besseren Ort gewesen zu sein. Und dieses Gefühl einer »anderen Welt« oder eines »anderen Lebens« ließ mich nie los.

Ich hatte nun viel Zeit, um über mein Leben nachzudenken, und mir wurde immer klarer, dass ich in der Vergangenheit viel Mist gebaut hatte. Irgendwie wollte ich alles Vergangene und all meine Missetaten begraben und ein neues Leben in Angriff nehmen; nochmals von Null beginnen – aber wie?

Seit meiner Kindheit spürte ich eine Kraft, die mich dazu trieb, Dinge zu tun, die man eben nicht tun sollte. Obwohl ich dagegen ankämpfte, war diese Macht immer wieder stärker als mein eigenes Ich. Wie oft hatte ich versucht, das Richtige zu tun, und dennoch zog es mich immer wieder in eine andere Bahn. Meine Großmutter hatte mir als Kind eingeschärft, dass ich ein guter Mensch sein sollte oder ansonsten in der Hölle landen würde.

Durch die Abgeschiedenheit fing ich an, mir Gedanken zu machen, wie ich ein besserer Mensch werden könnte.

Ein Nachbar riet mir, durch Meditation und vegetarisches Essen den Geist und Körper zu reinigen. Ich folgte seinem Ratschlag, ernährte mich vegetarisch und meditierte stundenlang am Strand.

In meinem Inneren klebte die Vergangenheit fest und alte Schulden verfolgten ständig mein Gewissen. Also suchte ich nach einem Weg, wie ich diese Dinge aus dem Weg räumen konnte, fand jedoch keine Lösung dafür. All meine Fehltritte und Straftaten waren zu einem Teil meines Lebens geworden und gehörten zu mir wie mein Pulsschlag. Tief in mir wusste ich schon lange, dass es einen Gott geben musste. Aber was sollte ich diesem Gott eines Tages sagen, wenn ich ihm gegenüberstehen würde?

Wie fast an jedem Morgen ging ich zum Strand hinunter und schwamm einige Runden in der Bucht. Als ich mich entspannt auf dem Wasser treiben ließ und zur Insel blickte, bemerkte ich plötzlich in einiger Entfernung, in der Nähe der Spitze eines Berges, ein großes, weißes Gebäude, das im Sonnenlicht blitzte. Vorher war mir das gar nicht aufgefallen, doch jetzt, wo ich es gesehen hatte, konnte ich meinen Blick nicht mehr davon abwenden und wollte unbedingt wissen, was das war. In mir wuchs das Gefühl, dass ich diesem Berg noch heute einen Besuch abstatten sollte.

So kehrte ich in meine Hütte zurück, zog mich an und machte mich auf. Erst fuhr ich an die Rawai Beach, die sich direkt unter diesem Berg befand, und suchte nach einem Weg, der auf den Berg führte. Als ich am Fuß des Urwaldberges stand, traf ich auf einen alten moslemischen Ziegenhirten und fragte ihn nach dem Weg. Der alte Mann lächelte und erklärte, dass ich einfach nur weiter dem Weg folgen sollte.

Ich wollte bereits weiterfahren, da klopfte mir der Hirte auf die Schulter und forderte mich auf, ihm zu folgen. Er führte mich zu seinem Haus, legte mir dort eine kleine Ziege in die Arme und sagte: »chok di«, was »viel Glück« bedeutet. Nach kurzem Zögern nahm ich das Geschenk dankbar an und vereinbarte mit ihm, dass ich die Ziege beim Herunterfahren bei ihm abholen würde.

So verabschiedete ich mich und fuhr den Urwaldweg weiter nach oben. Oben angekommen endete der Weg vor einem großen, geschlossenen Tor. Ich blickte zwischen den Gitterstäben hindurch und sah, dass dahinter eine Einfahrtstraße weiterführte, die von Palmen und Bäumen gesäumt war. Auch einen botanischen Garten konnte ich erkennen. Der Weg führte zwischen dieser Pflanzenwelt zu einem märchenhaften Palast.

Als ich mir gerade überlegte, wie ich in das Anwesen hineingelangen konnte, kam hinter dem Gebäude ein thailändischer junger Mann in Gärtnerkluft hervor und öffnete mir das Tor. Er bat mich, hereinzukommen, und führte mich durch die Einfahrt, hinauf zu dem oberen Teil des Palastes. Das königliche Anwesen war gerade in der Endbauphase und einige wenige Teile waren noch nicht ganz fertig. Doch ich sah nirgends Bauarbeiter oder Handwerker, die unfertigen Räume lagen verlassen da.

Der Gärtner erzählte mir, dass buddhistische Mönche dem Besitzer abrieten, den Bau zu Ende zu führen. Als die Mönche den Palast einweihen wollten, stellte sich heraus, dass die Geister des Urwaldes diesen Platz nicht freigeben wollten. Also stoppten die Bauherren sofort den Bau. Nach Aussagen des Gärtners gehörte das Anwesen einer sehr wohlhabenden und einflussreichen Familie aus Bangkok.

Der Gärtner gab mir freies Geleit und ich durfte alleine herumgehen und mir in Ruhe alles ansehen. Ich fühlte mich wie ein König und spazierte gemächlich durch das gesamte Gebäude. Im zweiten Stockwerk fand ich einen großen weißen Turm, in dem eine Wendeltreppe in die Höhe führte. Als ich hinaufstieg und auf dem Plateau ankam, war ich sprachlos angesichts der Aussicht.

Es empfing mich ein grandioser Anblick auf das ganze Anwesen und der Blick in die Küstenebene war einfach wunderschön. Ich fühlte mich wie ein verzaubertes Königskind auf dem Thron seines Vaters. Über eine Stunde verweilte ich auf dem Turm und tat nichts anderes, als staunend und ehrfürchtig die Welt von oben zu bestaunen.

Direkt unterhalb des Turmes war ein großer, blauer, mit Mosaik bezogener Swimmingpool. Intuitiv schaute ich zum Himmel und sprach: »Oh Gott, wenn dies mir gehören würde, dann würde ich den Palast mit all den armen Kindern dieses Landes füllen und sie dürften sich hier erholen und wohl fühlen.« Während ich noch weiter entspannt die Aussicht genoss, hörte ich auf einmal ein leises Gebet aus der Ferne, welches aus den Lautsprechern einer alten Moschee kam, die unten am Fuß des Berges lag.

Plötzlich kam ein starker Wind auf, der vom Tal her nach oben wehte, den Berg hinauf und schließlich am Turm seinen Höhepunkt fand. Das Gebet des Muezzins aus der Moschee wurde immer lauter, denn es wurde vom Wind zu mir getragen. Ich erschrak fast, weil die Stimme des Muezzins mit einem Mal so laut vor und um mich klang, als wären die Lautsprecher direkt auf dem Turm befestigt. Der laute Schall, in den das Wort »Allah« eingehüllt war, wehte über meinen Kopf hinweg und bewegte sich über den Gipfel des Dschungels in Richtung Himmel. »Allah, Allah, Allah!« hallte es überall laut und klang über mir weiter.

Wie erstarrt und tief berührt stand ich da. Es kam mir so vor, als hätte sich der Schall mit dem Wort »Allah« in meine Seele gebohrt. Meine Sinne waren wie ausgewechselt. Überstürzt und ehrfürchtig verließ ich den Turm und stieg wieder hinunter zum Palast.

Danach setzte ich mich an den Rand des Pools und blieb so eine Weile sitzen, um alles auf mich wirken zu lassen. Der Gärtner servierte mir eine kalte Kokosnuss und erzählte, dass er vergangene Nacht von einem Mann geträumt hatte, der vor dem Tor des Palastes gestanden hatte und hereingebeten wurde.

Der Gärtner lächelte und sagte mit freundlicher Stimme, dass ich damit gemeint wäre. Als ich ihn dann fragte, ob er das Gebet aus der Moschee auch gehört hatte, nickte er zustimmend, doch er hatte es nur ganz leise aus weiter Ferne gehört. Wahrscheinlich war es wirklich nur vom Turm aus laut zu hören gewesen.

Nachdem ich die Kokosnuss leergetrunken hatte, begleitete mich der Gärtner wieder bis zum Tor. Wir verabschiedeten uns und er sagte mir, dass ich jederzeit hier willkommen sei. Als ich den Berg wieder hinunter fuhr, fühlte ich mich irgendwie anders. Als wäre ich nicht mehr dieselbe Person, die vorher den Berg hinaufgefahren war. Das Erlebnis auf dem Turm hatte mich wachgerüttelt und auf eine spezielle Weise verspürte ich etwas Göttliches in mir, was ich vorher nicht gespürt hatte.

Unten in der Talebene wartete auch schon der alte Ziegenhirte auf mich. Nach kurzer Unterhaltung machte ich mich, mit einem Ziegenbaby auf dem Motorrad, auf den Heimweg zu meiner Hütte.

An den darauffolgenden Tagen nahm ich immer die kleine Ziege mit an den Strand und verweilte mit sehnsüchtigen Blicken in Richtung des Palastes, welcher zwischen den Bäumen am Berggipfel weiß schimmerte.

Wenn ich in der Bucht meine Runden schwamm, legte sich die Ziege meistens geduldig in den Schatten einer Palme, sah mir zu und wartete darauf, dass ich wieder aus dem Wasser steigen würde, um sie zu holen.

Ich machte mir auf einmal Gedanken über die armen Kinder, welche auf den Müllhalden südlich von Phuket lebten. Ich empfand es als meine Verantwortung, etwas zu tun, und suchte ohne weitere Überlegungen die Kinder auf.

Als ich auf der Müllhalde ankam und die Kinder mich sahen, kamen sie zu Dutzenden angerannt und scharten sich neugierig um mich. Mit meinem mittelmäßigen Thailändisch konnte ich mich immerhin etwas verständigen. Ich öffnete meinen Rucksack, verteilte Süßigkeiten und versicherte den Kindern, dass ich sie wieder besuchen würde.

In den darauffolgenden Nächten überlegte ich, wie ich den Kindern besser helfen könnte. Mir kam mein teurer Schmuck in den Sinn, den ich sowieso meistens nicht mehr trug. Ich entschied mich, diesen zu verkaufen, um mit dem Erlös die Kinder zu unterstützen.

Wenige Tage später setzte ich meine Überlegungen in die Tat um und besuchte auch über die nächsten Wochen hinweg immer wieder die armen Kinder. Ich verschenkte kiloweise Süßigkeiten oder oft auch Geldscheine, welche die Kinder an ihre Eltern weitergaben.

Nach einigen Wochen wurde das Geld immer knapper und ich war gezwungen, mein Konto in Singapur aufzulösen, um weitermachen zu können. Und das wollte ich unbedingt. Diesen Kindern mit Nahrungsmitteln zu helfen und mit Süßigkeiten das Leben schöner zu machen, wurde zu einer wichtigen Aufgabe für mich, die schon fast einer Lebensaufgabe glich. Ich hatte endlich das Gefühl, einen Sinn im Leben gefunden zu haben und etwas Gutes zu tun, eine Veränderung in der Welt zu bewirken. Selten war in meinem Inneren alles so ruhig und entspannt gewesen – hatte sich etwas so richtig angefühlt, wie diesen Kindern mit meinem Geld zu helfen. Mehrere Monate lang blieb ich meinem Projekt treu.

Wie fast jeden Tag spazierte ich mit meiner Ziege auch an diesem Morgen an den Strand und schwamm meine Runden. Die Ziege war jetzt schon etwas größer geworden und folgte mir fast überall hin – nur ins Wasser wollte sie nicht. Eigentlich ging alles gut und ich hatte das Gefühl, endlich auf einem besseren Weg zu sein.

Als ich nach einigen Schritten im Wasser meinen linken Fuß aufsetzte, stach mich plötzlich etwas Spitziges in den Fußknöchel. Sofort durchfuhr ein überdimensionaler und stechender Schmerz meinen ganzen Körper: Ich war von einem Stachelrochen gestochen worden und sein Gift breitete sich rasend schnell in mir aus.

Im selben Atemzug, in dem ich den Stich spürte, wurde meine linke Körperhälfte gelähmt und ich fiel seitwärts ins seichte Wasser. So liegend, packte ich mit meiner rechten Hand den linken Fuß, zog ihn über die Wasseroberfläche und erkannte eine kleine Schnittwunde am Knöchel. Der Schmerz wurde so stark, dass ich ab diesem Moment alles nur noch in Zeitlupe erlebte.

Binnen Sekunden spielte sich in mir nochmal mein Leben ab und ich hatte das Gefühl, dem Tode nahe zu sein. Um mich herum wurde es ganz still. Meine Augen blickten in Richtung Himmel und ich sah einen großen Seeadler mit weiten Schwingen in Zeitlupe fliegen. Der Schmerz war für eine kurze Zeit nicht mehr fühlbar. Laut bat ich: »Lieber Gott, bitte noch nicht, bitte lass mich leben.« Im selben Augenblick kam der stechende Schmerz wieder mit einem Schlag zurück in meine Glieder.

Ich schrie laut um Hilfe, doch zu dieser Zeit war noch keine Menschenseele am Strand. Mit aller Kraft kroch ich aus dem Wasser in Richtung meiner am Strand liegenden Ziege.

Mit einem Stück Holz zwischen die Zähne geklemmt und einem Bein hinter mir herziehend, hüpfte ich den steilen Abhang zur Hütte hinauf. Oben angekommen brach ich zusammen und krümmte mich vor Schmerzen.

Ich schrie immer wieder um Hilfe. Nach einer Weile kam der Landbesitzer meines Hauses mit seinen Söhnen angerannt. Ich erklärte ihnen die Situation und sie legten mich gleich auf die Ladefläche eines alten Pick-Ups, um mich eilends in die Klinik zu fahren.

Auf der Notfallaufnahme wurde ich bestens behandelt. Man verabreichte mir gleich ein Gegengift und schmerzstillende Medikamente. Der leitende Oberarzt erklärte mir, dass ich gerade noch Glück gehabt hatte. Nach der Behandlung fuhren mich die Jungs wieder zurück zu meiner Hütte.

Mein linkes Bein schwoll auf die dreifache Größe an und ich musste jede Menge Medikamente schlucken. In den nächsten Wochen verbrachte ich mein Leben gezwungenermaßen in der Hängematte. Die Schmerzen wurden unerträglich und mein Fieber sank auch nicht.

Eines Nachts hörte ich das Geknatter eines Motorrades. Nach einer Weile hörte ich bekannte Stimmen nach mir rufen: »René, René, wo bist du?« Ich erkannte die Stimmen auf Anhieb, es waren die Stimmen von Denise und Marco. Ich hüpfte zum Lichtschalter und als es hell wurde, sah ich meine beiden Freunde unten an der Treppe stehen.

Als Denise und Marco mein Bein sahen, erschraken sie. Marco nahm den alten Verband ab und untersuchte meine Wunde. Marco war ein guter Taucher und kannte sich mit Verletzungen bestens aus.

Er ließ Denise zurück und fuhr schnell in die Stadt in eine Apotheke. Er wusste, dass solche Stiche tödlich enden konnten, und versorgte mich in den darauffolgenden Wochen mit Medikamenten.

Die ersten Tage und Wochen waren schrecklich. Die Terrasse und meine Hängematte wurden zum Lazarett. Noch viel schlimmer als die Schmerzen war für mich, keine Bewegung zu haben.

Hier hing ich nun wie gefesselt in der Hängematte und machte mir wiederholt endlose Gedanken über mein Leben. In meinem Inneren wuchs der Wunsch, Gott kennen zu lernen. Irgendwo musste er doch zu finden sein. Eines Nachts träumte ich und sah mich als Kind betend vor einem Baum sitzen. An der Baumrinde krabbelten Ameisen über fünf eingekerbte Kreuze.

Etwas erschrocken wachte ich auf und dachte über den Traum nach. Ich erinnerte mich an den Baum meiner Kindheit. »Natürlich«, sagte ich mir, »das war der alte Baum, mein Freund, den ich in meiner Kindheit immer wieder besucht hatte«. Jetzt, nach so vielen Jahren, erinnerte ich mich an diesen Baum, an dem ich täglich gesessen und zu Gott gebetet hatte. Der Traum ließ mich nicht mehr los und mir wurde klar, dass Gott durch den Traum zu mir reden wollte.

Dank der Hilfe von Marco und Denise konnte ich nach einigen Wochen wieder gut zu Fuß oder mit dem Motorrad unterwegs sein. Wer weiß, vielleicht hätte ich es ohne ihre Hilfe nicht überlebt. Wochen später reisten beide wieder nach Italien.

Mittlerweile hatte sich bei Horst eine Gruppe aus der Münchner Szene angesiedelt, die er aus seiner ehemaligen Kneipe kannte. Einige der Jungs schmuggelten Drogen oder gingen anderen dubiosen Geschäften nach. An manchen Abenden besuchte mich der eine oder andere Kollege von Horst und vergaß dabei, seine Drogen wieder mitzunehmen, was ich gar nicht mochte, weil ich damit nichts zu tun haben wollte.

Ich war an einem Punkt, wo ich einfach meine Ruhe und Abstand von Problemen haben wollte. Eines Morgens sammelte ich alle herumliegenden Drogen bei mir ein und besuchte die Jungs bei Horst. Ich knallte das Zeug auf den Tisch und sagte klar und deutlich, dass ich auf meinem Land keine Drogen mehr dulden würde. Ohne ihnen die Gelegenheit zu einer Antwort zu lassen, drehte ich mich um und ging den Pfad zur Hütte zurück.

Als ich gerade zehn Schritte entfernt war, hörte ich hinter mir einen der Jungs sagen: »Du bist erledigt!«

Diese Drohung wollte ich nicht stehen lassen, deshalb blieb ich abrupt stehen, drehte mich langsam um und ging auf die Person zu. Bevor der Überraschte etwas sagen konnte, hatte ich ihm schon zwei satte Hiebe auf die Nase verpasst. Ich höre heute noch das Knacken seines Nasenbeins und auch damals bereute ich augenblicklich die Heftigkeit des Schlages.

Ich stand mit offenen Händen vor den Jungs und bat herausfordernd um den nächsten Kandidaten. Das freche Grinsen eines Jungens veranlasste mich dazu, gleich nochmals zuzuschlagen, bevor ich mit geballten Fäusten zurück in meine Hütte lief.

In derselben Nacht ließ mich meine kleine Ziege nicht einschlafen. Sie meckerte und schrie ununterbrochen, wie ein kleines Baby. Nach einer Weile konnte ich das Schreien nicht mehr ertragen und machte mich mit einer Taschenlampe auf die Suche, um die Ziege zu finden.

Sie hatte sich in einem Gebüsch verfangen. Als ich sie aus dem Gebüsch befreite, nahm ich sie mit auf das Sofa und legte sie an mein Fußende.

Es war nach Mitternacht, als die kleine Ziege, statt am Fußende zu schlafen, an meinem Ohr knabberte. Sie meckerte in mein Ohr hinein. Müde schob ich sie auf die Seite, doch sie nahm einen zweiten Anlauf und meckerte wieder leise in mein Ohr. Das Meckern der Ziege hörte sich an, als würde sie mir sagen: «Vorsicht, Vorsicht!» Ich war weder alkoholisiert noch hatte ich Drogen konsumiert, ich war also ganz wach und spürte, dass irgendetwas nicht stimmte.

Ich nahm die Ziege auf den Arm und bewegte mich ganz leise zur Treppe hin. Als ich an der Treppe stand, legte ich den Lichtschalter um. Unten an der Treppe stand Horst mit einem Messer in der Hand. Erschrocken stand er vor mir und versteckte langsam das Messer hinter seinem Rücken. Um die Ecke standen zwei seiner Münchner Jungs.

Neben meiner Türe stand ein alter Bambusstock, welchen ich unwillkürlich in die Hand nahm und langsam die Treppe hinunterstieg. Als ich unten ankam, sagte ich ganz gelassen: «Raus mit euch, Jungs, sonst gibt's ein paar Hiebe.«

Sie sahen mich erschrocken an und rannten weg wie Ratten, obwohl ich sie eigentlich ganz gerne verprügelt hätte. Zurück in meinem Bett schlief ich friedlich ein, erwachte wieder mit den ersten Sonnenstrahlen und mit meiner Ziege im Arm, die mir wahrscheinlich das Leben gerettet hatte.

Ab diesem Zeitpunkt gingen mir die Jungs aus dem Weg und ich hatte meinen Frieden. Ich nahm mir jetzt jeden Abend Zeit und ging im Dunkeln am Strand spazieren. Immer an der gleichen Palme setzte ich mich hin und fing an zu beten, wie ich es als Kind bei meinem Baum gemacht hatte.

Eines Abends sprach ich folgendes Gebet: »Lieber Gott. Ich möchte alle meine Sünden vor dir bekennen und ich bitte dich, dass du mir vergibst und mir verzeihst. Gott, ich kenne dich nicht und ob Jesus wirklich dein Sohn ist, weiß ich nicht. Wenn das aber alles stimmt, bitte ich dich, in mein Leben zu kommen.«

Nach dem Gebet fühlte ich mich erleichtert. Aber noch schöner war, dass ich mich wie in Watte eingehüllt fühlte. Ich saß mit meiner Ziege auf dem Sofa, fühlte mich erfüllt von Frieden und dem Himmel sehr nahe.

Ich saß sehr lange so da und war einfach glücklich. Nach einer Weile hörte ich Gebetsstimmen und Gesang aus der hinteren Hütte im Garten, die zu meinem Haus gehörte. Ich hatte keine Ahnung, wer das sein konnte. Vielleicht war es der Landbesitzer, der sich zum Ramadan mit seiner Familie zum Beten traf.

Neugierig verließ ich das Haus und ging um die Ecke der Hütte, um zum Häuschen im Garten zu gelangen. Da sah ich Licht zwischen den Ritzen der Tür hervorscheinen. Ich erstarrte förmlich vor diesem Anblick und stand längere Zeit einfach vor der Tür, ohne mich zu bewegen, geschweige sie öffnen zu können.

Intuitiv wusste ich, dass dieses Licht nicht von einer Glühbirne stammen konnte. Ich blieb immer noch im Abstand von etwa drei bis vier Metern stehen und wagte kaum zu atmen. Die Gebete wurden lauter und auf einmal hörte ich ein Baby schreien. Ich dachte an Jesus Christus, welcher 2 000 Jahre zuvor in einer Krippe auf die Welt gekommen war.

Ich ging auf die Tür zu und drückte vorsichtig die alte und rostige Türklinke nach unten. Mit geschlossenen Augen ging ich einen Schritt weiter in den Raum. Als ich meine Augen wieder langsam zu öffnen wagte, blieb mir der Atem weg. Ich stand in einem leeren und dunklen Raum. Derselbe leere und dunkle Raum, der er seit Monaten gewesen war. Rechts hinten lag eine alte, muffige Matratze und an den Wänden kletterten die Geckos herum.

Ich verstand die Welt nicht mehr und schritt langsam wieder nach draußen, wo ich mich schweigend hinsetzte.

Eine gute Stunde blickte ich stillschweigend vom Brunnen aus auf die Hütte. Danach nahm ich meine Ziege an die Leine, spazierte zum Strand hinunter und legte mich unter meine Gebetspalme. Im Hintergrund zirpten die Grillen und vom Strand her hörte ich das Rauschen des Meeres. Ich blickte in die unendliche Weite des Sternenhimmels. Meine Ziege legte sich hinter meinen Kopf und meckerte ab und zu leise. Es kam mir vor, als sähe mich der große Gott vom Himmel herab. Leise fragte ich ihn: «Lieber Gott, wer ist das Baby, das ich schreien hörte«?

Im gleichen Augenblick hörte ich eine weiche und sanfte Stimme aus der Luft her zu mir sprechen: »Du bist das Kind, du gehörst mir und du bist neu geboren.« Die Stimme wiederholte nochmals: »Du bist mein Kind.« Mir liefen die Tränen über die Wangen und so schlief ich ein.

Als ich erwachte, erhob sich die Sonne über dem Meer. Meine kleine Ziege saß in der Nähe auf einem Hügel und kaute grüne Blätter.

Meine Gedanken kreisten die ganze Zeit um die Erlebnisse der vergangenen Nacht. Noch nie hatte ich mich so erlöst gefühlt und es gab für mich keinen Zweifel, dass die Stimme zu mir persönlich gesprochen hatte.

KAPITEL 13

ZURÜCK NACH DEUTSCHLAND

n den darauffolgenden Tagen blieb ich in meiner Hütte oder lag in der Hängematte am Strand. Ich dachte an nichts anderes, als an dieses übernatürliche Licht und die Stimme und versuchte, das Erlebte irgendwo einzuordnen.

Da ich mich von Horst und seinen Freunden weiterhin fernhielt, lebte ich ziemlich zurückgezogen, was mir allmählich zu schaffen machte. Ich setzte mich auf mein Motorrad und fuhr in den kleinen Nachbarort Ao Makham.

Dort angekommen, aß ich bei der alten muslimischen Chinesin Khanom Chin ein altes traditionelles Nudelgericht. Während des Essens gesellte sich Sawat, ein Mann meines Alters, den ich vom Sehen her kannte, an meinen Tisch. Während wir uns unterhielten, fiel mir ein, dass er oft mit Dr. Ludvic zu tun gehabt hatte. Ich sprach ihn an und fragte, ob er ihn kenne. Im darauffolgenden Gespräch erzählte er mir, dass Dr. Ludvic ihn fast ruiniert hatte.

Wir blieben den ganzen Nachmittag über in dem kleinen Restaurant sitzen und sprachen über Gott und die Welt. Danach nahm mich Sawat mit zu seiner Großfamilie und stellte mich ihnen vor. Sein Vater war der ehemalige Bürgermeister des Ortes und auch seine Mutter war politisch engagiert. Der kleine Ort Ao Makham war sehr sozial eingestellt, die Leute waren überaus hilfsbereit und freundlich. Sawats Mutter kochte noch am selben Abend ein Gastessen für mich.

Mit der Zeit wurden wir dicke Freunde und unternahmen Motorradtouren kreuz und quer über die Insel. Sawats Mutter und sein Vater behandelten mich wie ihren eigenen Sohn. Ich durfte in jedes ihrer Häuser eintreten, als sei es mein eigenes. Sawats Frau war Angestellte einer großen Bank in der Stadt. Seine Familie galt als sehr angesehen. Sein Vater besaß viel Land in der ganzen Gegend, worauf Sawat Häuser und kleine Bungalows baute und vermietete.

Mit der Zeit hielt ich mich nur noch zum Schlafen in meiner Hütte auf oder war bei meiner Gebetspalme unten am Strand zu finden. Sawats Zuhause wurde immer mehr zu meinem eigenen Heim.

Meine kleine Ziege vermachte ich dem Landbesitzer, doch dieser – ich hätte es ahnen sollen – bereitete sie Wochen später leider auf dem Grill zu. Mit Horst und seinen Freunden blieb ich weiterhin auf Abstand. Die Freundschaft zu Sawat und seiner Familie war für mich ein großes Geschenk. Sawats Mutter und Vater nannte ich sogar mit der Zeit Mama und Papa und wenn ich mal nicht zum Essen bei ihnen war, ließen sie mich von Sawat holen. Ich erlebte, wie wertvoll es ist, zu einer Familie zu gehören und sich angenommen zu fühlen. Meine eigene Familie in Deutschland war mir nach all den Jahren der Trennung fast fremd.

Die Insel Phuket war während eines langen Lebensabschnitts zu meiner Heimat geworden. Und obwohl es mir überhaupt nicht gefiel – etwas in mir drängte mich, wieder nach Deutschland zurück zu kehren. Nach langem Hin und Her entschied ich mich, den Schritt zurück zu wagen, denn ich wusste, dass ich keine Ruhe mehr finden würde, wenn ich nicht herausfände, was mich so unruhig machte.

In Deutschland war ich ja vor einigen Jahren auf der Fahndungsliste ausgeschrieben. Meine Mutter klärte für mich ab, ob ich frei einreisen könne, und die Behörden gaben tatsächlich »grünes Licht«. – Ich konnte meine Heimreise im Sommer 1996 nach sieben Jahren antreten.

Meine letzten Tage auf Phuket waren sehr emotional. Ich fuhr nochmals die ganze Insel ab, jede Bucht und jeden Winkel, den ich kannte, und versuchte, mir alle Orte und Stimmungen einzuprägen. Von Noppy und ihrer Familie nahm ich Abschied und bedankte mich für all die Jahre, die ich mit ihnen verbringen durfte. Meine beiden Freunde Mike und Tom waren zu diesem Zeitpunkt bereits wieder in Deutschland.

An meinem vorletzten Tag organisierte Sawats Familie ein Abschiedsfest. Am frühen Abend kehrte ich in meine Hütte zurück. Ich verabschiedete mich beim Landbesitzer und einigen Leuten, die in meiner Nähe wohnten. In der Nacht besuchte ich ein letztes Mal meine Gebetspalme am Strand. Ich blickte auf die gegenüber liegende Bucht auf den Berg, wo ich vor Monaten das Gebet des Muezzins gehört hatte. Diese letzte Nacht verbrachte ich ohne Schlaf und meine Gebete blieben ohne Worte.

Am nächsten Morgen startete meine Maschine nach Deutschland, wo ein völlig anderes Leben auf mich warten würde. Ich hatte nicht die leiseste Ahnung, was mich in meiner alten Heimat erwarten würde.

Meine Schwester, ihr Mann und ihre Kinder erwarteten mich bei der Ankunft am Rhein-Main-Flughafen in Frankfurt. Der erste Tag war voller Überraschungen. Im Haus meines Vaters wurde ich mit Kaffee und Kuchen empfangen. Nach und nach kamen meine Geschwister mit ihren Kindern dazu und es war eine fröhliche Runde, die mich in der Heimat willkommen hieß. Mein Vater plante ein Grillfest und wollte die Heimkehr des »verlorenen Sohnes« feiern.

Es war ein sonniger Sonntagnachmittag, die Straßen waren leer und ruhig. Obwohl ich hier jeden Winkel kannte, fühlte ich mich fremd. Mir fehlte das Leben auf den Straßen, der Duft des leckeren Essens und die fröhlichen Menschen, obwohl meine Familie bei mir war.

Während meine Familie da war und feierte, lief ich zum Wald hinauf. Dort blieb ich an einer Lichtung stehen und blickte in mein Dorf. Als Kind war ich oft an diesem stillen Ort gewesen. Der Geruch des Waldes und das Plätschern des kleinen Baches kamen mir vertraut vor.

Als ich aufstand, lehnte ich mich gegen einen Baum und war total überrascht, als ich bemerkte, dass ich genau unter »meinem« Baum gesessen hatte, der schon früher mein Zufluchtsort gewesen war. »Gott, wo bist du?«, fragte ich. Eine sanfte Stimme sprach: »Ich war immer bei dir, ich habe dich nie vergessen«. So unglaublich das klingt, die Stimme war akustisch und real zu hören, nicht etwa in meinem Kopf und Gedanken, und wiederholte nochmals dieselben Worte.

Ich schaute noch eine ganze Weile in die Richtung, aus der die Stimme über den Blättern des Waldes geklungen hatte. Danach drehte ich mich um und ging zurück zu meiner Familie. Meine Geschwister wollten natürlich wissen, wo ich denn so lange gesteckt hätte. Doch mein Vater antwortete ihnen, noch bevor ich es tun konnte: »Oben im Wald, wo denn sonst.« Er wusste nur zu gut, wo ich als Kind gewesen war, wenn er mich mal suchen musste.

Ein paar Tage später durchstöberte ich meine alten Sachen, die mein Vater all die Jahre aufbewahrt hatte. In einer Kiste, wo sich Papiere und Dokumente befanden, lag zuoberst eine alte Bibel. Ich schlug die Bibel auf und fand drei alte vierblättrige Kleeblätter darin und las an der Stelle, wo sie gelegen hatten: »Wenn ich mit Menschen und Engelszungen redete und hätte die Liebe nicht, so wäre ich ein tönendes Erz oder eine klingelnde Schelle. Und wenn ich weissagen könnte und wüsste alle Geheimnisse und alle Erkenntnis und hätte allen Glauben, so dass ich Berge versetzte, und hätte die Liebe nicht, so wäre ich nichts«.

Die Worte aus der Bibel inspirierten mich sehr. Tage später las ich in der Bibel in Johannes 3 eine Stelle, in der Gott durch sein Wort direkt zu mir sprach: »Wahrlich, wahrlich, ich sage dir: Es sei denn, dass jemand von neuem geboren werde, so kann er das Reich Gottes nicht sehen.«

Es waren genau dieselben Worte oder zumindest derselbe Inhalt, welche ich nachts am Strand akustisch gehört hatte: »Du bist das Kind, du gehörst mir und du bist neu geboren.« Die Worte aus der Bibel galten in diesem Moment mir persönlich. Ich verstand es als eine feste Zusicherung, dass ich eines Tages bei Gott im Paradies sein darf.

Die Bibel wurde immer mehr zu meinem Begleiter, obwohl ich noch nicht viel davon verstand.

NACHWORT

N ach Anhörung der deutschen Behörden wurde ich mangels Beweisen freigesprochen. Die Staatsanwältin stand nach der Anhörung auf, gab mir die Hand und sagte: »Herr Portmann, es war mir eine Ehre, sie kennengelernt zu haben, und ich wünsche ihnen viel Glück.«

Gott hatte seine Hand über mir, dessen war ich mir bewusst.

Drei Jahre nach meiner Rückkehr nach Deutschland machte ich eine Weiterbildung zum Chef de Bar. Mein Ziel war, auf einem Kreuzfahrtschiff zu arbeiten, was mir mit meinen Erfahrungen in verschiedenen edlen Hotels auch möglich wurde.

In so manchen Stunden an der Bar konnte ich vielen Menschen eine Botschaft mitgeben. Manchmal waren es auch Arbeitskollegen oder einfach Menschen, denen ich irgendwo begegnete.

Nach wenigen Jahren hatte ich den Erfolg in der Hand. Eine in Deutschland namhafte Gastro-Kette machte mir das Angebot, in eine Managerposition aufzusteigen. Nach zwei Wochen Bedenkzeit lehnte ich das Angebot ab.

Ich spürte, dass ich wieder in meine Heimat zurückkehren sollte. Dort suchte ich mir einfache Jobs und wurde Mitglied einer Freien christlichen Kirche. An diesem Punkt möchte ich nicht vergessen, dass ich in Kiel eine unterstützende Christengemeinde und Freunde fand, welche mich in vielen Glaubensschritten mit viel Liebe unterstützten. Erst nachdem ich mit anderen Christen mein Leben und den Glauben teilen durfte, konnte ich frei über meine Geschichte reden und das Erlebte einordnen.

In meiner Heimatstadt arbeitete ich Teilzeit und in der Freizeit kümmerte ich mich um die Jugendlichen auf der Straße, welche mit Drogen oder anderen Problemen konfrontiert waren. Wenn ich nicht arbeitete, war ich auf der Straße anzutreffen, bei den Obdachlosen oder im Asylheim.

Jahre später wurde ich in die USA nach Alabama eingeladen und durfte dort meine Streetworker-Arbeit vorstellen. Ich durfte meine Erlebnisse schon vielen Kindern und Erwachsenen in dieser Welt weitererzählen. In Amerika durfte ich über die Liebe Gottes predigen und verschlossene Gefängnistore öffneten sich für Gottes Botschaft.

Ich will die Menschen um mich herum wissen lassen, dass es einen lebendigen Gott gibt, welcher aus Liebe zu uns Menschen am Kreuz starb, damit wir in Ewigkeit mit ihm leben können.

Die Zeit in Amerika war gefüllt mit Terminen an Schulen, Kindergärten und Universitäten. Als ich für ein paar Tage auf einer Insel in Florida von meiner Arbeit Erholung fand, sagte mir Gott in der Nacht erneut am Strand: »Ich brauche dich.«

Die Stimme sprach ein zweites Mal laut zu mir: »Ich brauche dich, um deine Erlebnisse aufzuschreiben.« Meine Antwort darauf war, dass ich nicht gut schreiben könne, da ich ja als Kind nicht allzu oft in der Schule anzutreffen war. Doch Gott wiederholte den Auftrag nochmals mit den Worten: »Ich werde dir eine Frau an deine Seite geben, die dir helfen wird«.

Gott hat bis heute sein Wort gehalten und hat mir – neben meiner Frau – noch weitere wertvolle Menschen an die Seite gestellt, welche mich während des Prozesses des Schreibens unterstützten.

Acht Jahre später (2011) heiratete ich meine Frau Tanja. »Amore«, so nenne ich sie – und bin glücklich verheiratet. Mittlerweile haben wir einen Sohn, Jamin Levi, eine Tochter, Simea Malu, und einen Pflegesohn, Yves.

2012 durfte ich zusammen mit Tanja einige vertraute Orte in Thailand wieder besuchen. Besonders freute ich mich, Sawat und seine Familie wieder zu sehen und Gott immer und immer wieder dafür zu danken, wie er mich in meinem Leben geführt und seine Hand die ganze Zeit über mir gehalten hatte.

Obwohl ich heute um einiges besser schreiben kann als Jahre zuvor, unterstützte sie mich bei meiner Arbeit tatkräftig, genauso wie noch andere wichtige Akteure, die auf der letzten Seite aufgelistet werden. In den vergangenen Jahren erlebte ich unzählige Wunder Gottes in meinem Leben und durfte die Stimme Gottes mehrmals akustisch hören, als ganz normales Geschöpf Gottes – wie Du es auch bist, mit dem er das Leben teilen möchte.

Aus der Leidenschaft, Jugendliche auf der Straße zu besuchen, wurde mein Beruf. Seit 2007 arbeite ich in einem sozialen Werk als Streetworker und berate Jugendliche und Eltern.

AKTEURE

Meine Ehefrau: Tanja Portmann

Nacharbeiten:
Alejandra Martinez
Chris Suhr (Jugendfreund)
Andreas Dörge (Arbeitskollege)
Claudia Dünner (Arbeitskollegin)

NACHWORT VON ALEJANDRA MARTINEZ

I m Dezember 2011 sang ich mit einem Gospelchor an einem Weihnachtsgottesdienst in Rheinfelden. Nebst Chor und Predigt gehörte auch ein Interview mit René Portmann zum Programm. Ich hatte ihn bis zu diesem Zeitpunkt weder gekannt noch von ihm gehört. Gespannt lauschte ich seinen kurzen Erzählungen und während sich die anderen nach dem Interview wieder unterschiedlichen Dingen zuwandten, wollte ich mehr wissen und war begeistert von dem Erlebten und der direkten, klaren Ansage von Gott an René. Ich wollte unbedingt wissen, ob es ein Buch mit seiner Biographie gab, und suchte zuhause im Internet. Als ich nichts finden konnte, verfolgte ich die Spuren Renés im Internet so lange, bis ich herausgefunden hatte, wo er arbeitete. Dort rief ich an und wollte persönlich mit ihm sprechen, da ich überzeugt war, dass seine Geschichte aufgeschrieben werden müsste, damit Menschen sie lesen konnten.

Und natürlich wollte ich unbedingt bei diesem Prozess dabei sein. Also fragte ich René am Telefon kurzerhand, ob er schon einmal überlegt hätte, ein Buch über seine Geschichte zu schreiben und dass ich das gerne mit ihm machen würde. So fing unsere Zusammenarbeit an.

NACHWORT VON DIETER SCHNEIDER

Der liebe René, im deutschen Ländle geboren, als junger Lausbub in die große weite Welt aufgebrochen und im exotischen Thailand seine Flegeljahre verbracht und zum Mann gereift. Auf vielen Besuchen seine große Liebe zu Wien entdeckt und sein Herz an die Donaumetropole verloren. Mit seinem liebenswerten und treuen Charakter verkörpert unser lieber René aufs Allertypischste den Wiener-Schlawiener, und so wird er uns auch immer in ewiger Erinnerung bleiben.

Wir lieben ihn.

Dieter Schneider, Wien

René Portmann

www.rene-portmann.com
info@rene-portmann.com